生死界線

針對「迴光返照」首次進行的全面性調查

THRESHOLD

TERMINAL LUCIDITY
AND THE BORDER OF LIFE AND DEATH

Alexander Batthyány

亞歷山大・巴提亞尼 ——著　黃珮玲 ——譯

獻給朱莉安（Juliane）、
萊奧妮（Leonie）與拉莉莎（Larissa），
暨紀念埃克爾斯爵士（Sir John C. Eccles）

——2023年1月寫於維也納和錫特克

目次

第一部　論身而為人

第一章　將死之身　　　012

隱而未顯 ／ 故事與數據：在不可能的地方尋找光明 ／ 生命的故事、意義與終結 ／ 生死尊嚴 ／ 活出自我

第二章　死亡、疾病和我們是誰的問題　　　035

失智症與自我 ／ 生死存疑 ／ 蘇格拉底的故事 ／ 生物學與自我：「何謂靈魂？」 ／ 魔法織布機 ／ 心智與唯物主義 ／ 先將靈魂摘除 ／ 眼所未見之事

第三章　自我的回歸　　　075

「然後，意想不到的事情發生了」 ／ 研討會帶來的驚喜 ／ 勞倫茲個案 ／ 安娜・凱瑟琳娜・艾默（Anna Katharina Ehmer，又名凱瑟）的案例 ／ 當代個案 ／ 苦楚滿杯的禮物

第四章　背景說明　　　　　　　　　　　　　　　103

研究，但最重要的是傾聽　／　相逢　／　聽到召喚

第二部 迴光返照

第五章　迴光返照的前導研究與後續　　　　　124

迴光返照現象　／　國際瀕死研究協會

第六章　「我們需要談談」：孤獨的目擊者　　132

揭開面紗　／　這是真的嗎　／　道別時刻

第七章　撒網　　　　　　　　　　　　　　　159

進一步的研究　／　警語

第八章　目擊者　　　　　　　　　　　　　　166

迴光返照發生在誰身上？　／　年齡與性別　／　迴光返照的時間長度　／　迴光返照期間的認知狀態　／　死亡並不孤獨　／　「你沒聽到這美妙的音樂嗎？」　／　握

住他們的手 ／ 最後的交談 ／ 死期不遠 ／ 觸發因素和原因 ／ 面對迴光返照 ／ 在絕境中看到希望

第三部　死亡是種解脫

第九章　白烏鴉　　230

迴光返照傳遞的意義 ／ 化圓為方

第十章　極端狀態下的心智與大腦　　245

瀕臨死亡的心智與大腦 ／ 極端情況下的觀察 ／ 格雷森的提議

第十一章　死亡時的心智　　256

心靈視覺 ／ 瀕死體驗

第十二章　臨終知覺　　264

瀕死體驗何時發生 ／ 瀕死體驗期間的感知 ／「我死後是個天才」

第十三章　瀕臨死亡時的心智、記憶與視覺　282

瀕臨死亡時的思考與觀看　／　研究結果　／　死亡前的觀看　／　死亡前的思維

第十四章　瀕死體驗與迴光返照的關係　303

迴光返照與瀕死體驗的同與異　／　威廉・詹姆斯，《陶醉》　／　記憶、視覺與瀕死體驗　／　彌合鴻溝

第十五章　理解　316

日蝕背後　／　靈魂，大寫的心智

第四部　人、死亡與意義

第十六章　受到庇護的自我　330

難以理解的美麗，無條件的尊嚴　／　關懷靈魂

第十七章　何以重要　341

致敬先人留下的精神遺產　／　重拾希望

致謝			350
推薦文	迴光返照的隱喻	張明志	355
	返照大腦的心識之光	謝仁俊	361
	凝視生命中的白烏鴉	鐘　穎	369
參考書目和注釋			374

我輩必死之人索求一項奇蹟。

——W. H. 奧登（W. H. Auden）

第一部

論身而為人

On Being Someone, and Yet to Die

第一章

將死之身

On Being Someone, and Yet to Die

隱而未顯

有句諺語說，每當有人過世，就有一個世界隨之消逝。那人曾經在此生活——擁有自我意識、希望、欲望和想法；他奮鬥過、成功過、愛過，也被愛過——我們可以說，就是所有這一切拼湊出人類生命的高貴之處。貌似壯觀卻又

再尋常不過；平凡而特別。

現在我們換個場景，來看看今日臥床在此的臨終之人。他的呼吸減慢，脈搏減弱，心跳變得不規則，眼看就要嚥下最後一口氣。對這個人來說，明天、下週乃至下個月都不復存在。這是否正如諺語所暗示的那樣：隨著他的生命走到盡頭，他的個人世界也將永遠停止運轉？難道這一切都無法挽回了嗎？人生不過就是如此嗎？我將在本書中討論包含這些疑問在內的許多問題。

我在這本書中闡述了自己目前關於意識、認知、失智症、死亡和臨終的研究工作。人們目睹與這些問題相關的驚人現象，我也將藉由此書分享目擊者的故事和證詞。在多家媒體報導我對某些臨終現象的興趣後，有許多人聯繫我，向我講述早已離世親人的故事；故事中的親人往往以一種深刻動人且美好的方式離世——但以科學的角度來看卻令人費解。

費解之處在於這些故事中的主角，大多數患有失智症或類似的破壞性神經系統疾病，死亡之前都已達重病的程度。他們渾渾噩噩，忘記自先前生活的大部分細節，有些人甚至不知道自己的名字。隨著腦部病變漸趨嚴重，他們在過世之前就已經有很長一段時間失去了自己的私人世界，甚至可能失去了自我認同。考量到他們的病情以及長年的精神和認知衰退，可能沒有人指望他們的故事能鼓舞人心，提供安定的力量。那麼，為什麼大多數目睹這些人死亡的見證者，都描述這是「美好的」經歷，就像收到一份「禮物」一般，並將之視為一種確證（即便不是切實的證據），證明就算面對疾病和軟弱，甚至死亡當前，我們的人格——我們的核心自我——仍是完整的、安定而健全的，並受到戍衛與保護？為什麼許多人，在目睹了一切之後，更加堅定地相信生命是有意義的——**我們人類**的生命是有意義的；事實上，意義如此豐富，以至於可以說，自然存在賦予我們一個在某些基本方面得到保存和保護的自我，即使外部

觀察者所能看到的只是衰退、失智和最終的死亡？

上述問題的答案是：這類死亡實非尋常，因為他們經歷了一種近來被稱為「迴光返照」或「臨終靈光重現」的現象。迴光返照（Terminal lucidity，TL）是術語，指那些被認定已經永久喪失心智能力的患者[1]，他們的認知清晰度、自我意識、記憶力和神智出人意外地恢復正常。在患有嚴重失智或阿茲海默症、中風和其他重症、長期失去意識和／或處於昏迷狀態、因嚴重和慢性精神疾病而喪失行為能力的患者中，我們觀察（並研究）了這類現象。當中有許多，事實上是絕大多數患者，已經被醫生和親友放棄了──失智症和其他慢性神經系統疾病大多被認定是不可逆轉的，無法期待病患能自然痊癒，或「回復到原本病發前的自我」；教科書上不會這麼寫。然而，在他們死亡的那一刻，這類患者中有些人經歷了我的同儕友人、瀕死研究先驅和心理學教授肯尼思·林（Kenneth Ring）所說的「奇蹟般的回歸」。[2]

第一章　將死之身

這種現象並不是現在才出現。但有很長一段時間，我們甚至無以名之。大多數時候，無人承認該現象的存在，遑論嘗試研究它和理解它。有關這類現象的報告散見於較早期的醫學文獻中，但長期以來，僅被視為滿足了醫學上的獵奇心理：這類臨床觀察結果雖然偶爾會記錄在醫學報告中，但被認為太罕見，不值得科學關注。每個研究人員和大多數臨床醫生都知道，偶爾會發生一些意想不到、不太可能的怪事。這類現象發生時，可能被當作怪異的（有時也會被認為是極其美好的）單一事件而略去不計，也可能被遺忘或被視為軼事。也許你會在研究會的討論空檔、與同事共進午餐時談論它們，或是與你的配偶或朋友分享這些故事。但你很少會在講台上將它們當作你的主要研究成果來發表，也不會以之為題撰寫學術論文。更有甚者，即便你確實撰寫並提交了一篇相關論文以供發表，該論文通過同儕審核的可能性也微乎其微。

即便如此，有時這些事件仍會讓你駐足思考，一旦你想得夠久，就不可能繼續單純地忽視它們。當你開始認真以待，它們可能會影響你的整個研究生涯。正如你將在本書中看到的，這就是發生在我身上的事情。對我的同事、精神病學教授和瀕死研究的先驅布魯斯・格雷森（Bruce Greyson，他與我合著了關於當代迴光返照最早的案例研究）來說，這個轉折始於他遇到的某位病人，「看到」了布魯斯領帶上的義大利麵汙漬。汙漬本身無足輕重，這件事帶來的衝擊，起於病患聲稱她是在離體漫遊時「看到」了汙漬。在（包括布魯斯在內的）主治醫生們的眼中，她似乎失去意識陷入昏迷。事實上，她當時正躺在當地醫院加護病房的急診床上，因服用過量的安眠藥而昏迷。布魯斯針對瀕死經驗長達一生的研究就始於這個義大利麵汙漬：「在過去的半個世紀裡，我一直試圖理解霍莉如何得知這灘義大利麵汙漬，」他在自傳中寫道。[3]

在大多數情況下，這類單一經驗引發的關注僅止於此。只有當此類事件的記載達到一定的數量，並越發頻率地報導時，你才開始看出一種模式，並且慢慢意識到你不能再在智性上忽視它們。這時候它們才能吸引更多研究人員的學術興趣。事實上，研究人員一直到最近，才開始更詳細並有系統地研究迴光返照的案例——包括弗萊堡的納姆（Michael Nahm）[4]、紐西蘭基督城莫德護士臨終關懷中心的麥克勞德（Sandy Macleod）、格里芬（Joan M. Griffin）在羅徹斯特的妙佑醫療國際所屬的科恩中心（Kern Center，Mayo Clinic, Rochester）國際研究小組，以及我在維也納大學（University of Vienna）和布達佩斯帕茲馬尼大學（Pázmány University in Budapest）的研究小組。

在過去十年左右的時間裡，我試圖增進對迴光返照的瞭解，並將病例報告集結成一個仍在不斷擴增的資料庫。然而，迴光返照的現象以及每一個案例自身都仍是團謎，

尤其是因為它（就像瀕死體驗）觸及了一些私密的、與人類存在相關、甚至是靈性的議題，這些問題涉及自我的本質，以及自我如何可能在生命的旅程中，在歷經疾病、生理機能的損傷乃至最終的死亡後仍舊存留下來。因此，本書接下來的內容只能說是一個未完成長篇故事的第一章，但已值得講述——也許更重要的是，當中包含許多值得傾聽的個人故事。

故事與數據：在不可能的地方尋找光明

為了讓讀者能稍事瞭解本書後續章節內容，我要先說明研究迴光返照作為一項嚴肅的工作，可以在個人與人類存在面向上產生的張力。你可以在個案報告中提到某位患有晚期阿茲海默症的八十六歲女性患者經歷了迴光返照，用一張表格中不多不少的四項數據來呈現：年齡、性別、診斷以及非預期事件（病人經歷迴光返照現象）。但是閱讀該

病患家屬對於患者臨終情況的個人描述又是另一回事了：

> 阿茲海默症造成的失智已經折磨我祖母好幾年了。送她到療養院對我們所有人來說都是艱難的決定，尤其是她生命中的那個男人，他們結婚六十多年了——但從某個時刻起，居家照顧已經超出這位深愛妻子的老人之能力所及。在她病情的尾聲，我所認識並敬愛的祖母似乎已不復存在。她一開始是不認得我們，最終，她完全停止說話，並不得不接受餵食，因為她不再能夠自行進食。儘管如此，我的祖父仍然每天早晚兩次去探視她。
>
> 週日，我們全家都去探望祖母。說實話，那些週日我們所能做的，與其說是探望祖母，不如說是支持祖父。在「奇蹟」發生的那天，我們到達門口後敲了敲門，進入了房間，看到祖父慈愛地握著祖

母的手,是的,對她說話!起初,我們只是不相信自己的眼睛和耳朵。但隨後我的祖母一一望向我們五個人。她那雙美麗的大眼睛極其明亮,清澈的活力取代早先無謂而疏離、「死氣沉沉」的陰霾。澄靜似水是我能想出最好的形容詞。在此之前,她已經有一年的時間沒法認出我們,甚至對我們的拜訪毫無反應;當我們想要握住她的手時,她可能是出於條件反射而移開了手。然而那天,我的祖母能叫出我們每個人的名字,用簡單、清晰的德語說,她很高興「回來」並見到我們。

然後她慈愛地望向丈夫,也就是我的祖父,並要求我們好好照顧他。她說獨居大屋對他來說不是一件好事(我祖父當時住在祖母從小居住的大房子裡),他需要有人幫忙打理家裡。當我們提到祖父最近雇用一名管家時,她只是說:「好,但你應該告訴我!」

（我們沒有這樣做，因為僅僅在一天之前，我們都還無法想像該如何與她交談）。無論如何，現在她理解詳情並放下心了。她握住祖父的手。我看見淚水順著他的臉頰汨汨流下。他抽泣哽咽地說：「我愛你。」然後得到祖母同樣的回覆。當我寫下這段文字時，一想到祖母當時的眼神，我也不禁掉淚，因為此時此刻，我彷彿又看到她那天清澈目光中表現出的急切愛意。

我們與祖母的談話持續了大約二十到三十分鐘。然後她躺回床上，很快就睡著了。我們又在她床邊待了半小時左右，直到探視時間結束。離開時我們誰都沒有說話。祖父挽著我的手臂向外走去，在療養院的走廊裡前行幾公尺後他鬆開手，因為他想回頭再給妻子一個吻。這是最終的吻別。隔天早上電話響起時，在病房護士開口之前，我就知道她

要說什麼了。祖母在睡夢中安詳離世,享年八十六歲。這是我迄今為止目睹過最美好、最奇妙、最動人的事情之一。

這是我資料庫中編號 CH34（即瑞士案號 34）的個案；針對數百名最近去世的神經受損患者,我寄給他們的照顧者和家人標準化的調查問卷,上述的內容記錄在這類問卷的附注／附錄部分。CH34 個案的數據被載入我所執行的迴光返照研究大型當代病例資料庫,並最終於 2019 年與布魯斯·格雷森共同發表。本書稍後還會介紹該資料庫中的某些個案以及其他發現。但正如我們剛才看到的,迴光返照的意義不僅止於此；事實上遠超過研究者可以在研究論文或報告中發表的內容。CH34 個案背後有著什麼樣的故事和生活經歷呢？同樣地,其他個案背後的故事又是如何？記錄上述故事、回覆我們的那位孫女還加注了一條簡短的注釋：「我想做的是讓你知道當天真正的情況。問卷上的

問題完全無法呈現我們當天所見。」

在我著手研究迴光返照之初，許多受訪者都說了或寫了類似的話。事實上，數量之多讓我很快就意識到，我們早期主要著重於數據蒐集的方法很難掌握「真實的情況」。執行迴光返照的前導研究（pilot studies）幾個月後，我開始積極邀請研究參與者提供他們的故事；我承認並欣賞他們所經歷的事情，想為他們提供一個空間分享所見所聞和所感，特別是部分研究參與者提到，他們身邊缺乏這樣的環境。

這類故事構成本書的骨血，故事本身（當然還有詳實的數據）能揭示我們是誰──無論生前還是死後。接下來的章節中，我將嘗試對處理該主題的兩種方法抱持同等的重視：著重個人面向和重視客觀資料。兩者截長補短、相輔相成。正如我們將看到的，事件本身結合數據資料後，呈現出一個異常美好的故事，提醒我們在研究人類自身時，不該遺忘人類在本質、靈魂、尊嚴、同理心、連結與意義的面向。

因此，這本書不僅提供了那些早已過世人們的故事，也要看看我們在生命盡頭研究心靈的晦暗之處和自我可以從中學到什麼。隨著我們深入研究這個新興研究領域及其背後的故事，便可以越來越清楚地看出，我們所收集的資料中承載著我們的歸屬、我們的本質、我們是誰以及我們最終的希冀。稍後，我將介紹和討論關於瀕死相關現象的研究和故事，除了作為補充，也會探討這些發現如何影響我們理解自我本身，以及自我在罹患疾病、死亡和臨終時面對的命運。故事、數據、研究的取徑固然有所不同，卻都指向同一方向，亦即揭示我在這項研究工作中學到的課題：我相信這些發現提供了充分的理由，肯定每個人的生命和死亡具有絕對的意義和重要性。透過此書，我嘗試用簡單易懂而非學術性的術語，呈現我們部分的觀察所得。我相信我們的研究能提供在這個時代、尤其是眼下迫切需要的訊息。我們的迴光返照研究工作所強化的人生觀，是基於意義、同理心、安慰、相互接受和支持、愛，以及治

癒這個極為破碎之世界的意願——當然，其中也包括堅定且理由充分的希望，在很多方面甚至超越了疾病和死亡。當然，這是一個未完成的、正在展開中的故事。但正如我們將在本書中看到的，我們這一生中的**所有**故事，都可能是未完成的、正在展開中的故事，遠遠超出我們目前所能完全掌握、甚至想像的範圍。

生命的故事、意義與終結

　　傾聽人們分享觀察親人死亡的經歷，會為你和對方帶來深度的連結，引領你涉入只有人與人之間的相會才能達到的深度。當人們願意與你分享他們（部分）的生活；當他們分享回憶時，你傾聽，你點頭——不知何故，你就有所體會了。這種程度的體會——不僅是知情，而是體會——來自我們仔細聆聽或閱讀他人的故事與回憶。你會好奇：這些回憶代表著什麼？通常，在本書後面討論的失智症和

其他重病患者的案例中，你也會想知道：這些回憶現在何處？

不過，我們大多數人在臨終時仍知道自己是誰、有過哪些經歷、希望、愛與苦難、收穫與成就。我們年紀越來越大，經驗也越來越豐富。這些故事值得講述與聆聽。每個故事都是生命的見證，只能透過經歷這故事的本人才能傳遞。具體而言，我們每個人的生命都是未登史冊的人類編年史中的一章，都為理解何謂人類添加了一些元素和面向。正如英國生物學家梅達沃爵士夫婦（Sir Peter B. Medawar and Jean S. Medawar）所言：

> 只有人類的行為會被他們對生前死後的理解所牽引；因此，也只有人類才能透過照亮比他們所站立的那片土地更多的光，來找到自己的路。[5]

除了臨床研究，負責年長者與臨終病患的照顧者也提供個人證詞證實了這一點：研究和個人經驗告訴我們，臨終的時日往往帶來深刻的理解——為生命的故事劃下句點、發現個人經歷的意義，或在嚥下最後一口氣之前實現這個意義。這都是有可能的。這些都會發生。我在自己的工作中經常目睹或聽到這一類情況——研究或檔案資料上看不到相關的觀察紀錄，但也許會寫在個人日記中，這些筆記在個人、人類存在面向上更形重要。奧地利精神病學家維克・法蘭克（Viktor Frankl）曾指出，只有忘記他的老師，佛洛伊德（Sigmund Freud）和阿德勒（Alfred Adler）（他曾在兩位老師的指導下學習）過往的教導，他才能成為一名「真正的」精神科醫師；相反地，他視病人為師。也有其他人告訴我，他們經歷過非常相似的事情；我希望透過本書，這也會發生在讀者身上。我們可以從傾聽中學到很多；關注我們周圍的人可以為我們帶來很多助益。

生死尊嚴

例如這樣的經驗：幾年前，我擔任俄羅斯莫斯科精神分析學院客座教授，出於教學所需，我去參觀了莫斯科的臨終關懷醫院。我們一群心理學家、心理治療師、醫生和學生巡視了病房。在我們即將進入某間雙人病房前，一行人一度陷入沉默，細細沉思該對病人說些什麼。因為在這間雙人房裡，住著兩位八十多歲的胰臟癌晚期病患。兩人多年前都失去了妻子，也沒有孩子，事實上，他們也沒有還存活於世的親戚。兩人大多數的朋友若不是已經去世，就是太過體虛而無法前來探病。自從他們轉院到臨終關懷醫院，不曾有過一通電話問候、一紙書信，更遑論有人探視，我們和病人都清楚他們的預後無望，只剩下幾天或者幾週的生命。在這種情況下，我們能說什麼？

然而當我們踏入病房，才發現這空間完全不像臨終關懷病房，甚至不似人間。我們看到其中一人跪在另一人的

床邊，握著對方的手撫慰著，而另一人則感激而專注地聆聽著。我們這些「專業人士」沒人開口說話。我們誰都不能也不需要說一句話，只是望向彼此，點頭示意後靜靜地離開房間。我們不確定病患是否注意到我們，只知道我們無權打斷此情此景。即使在我下筆的這一刻，也很難找到合適的字眼來形容當時遇見的人性、尊嚴和簡樸之美。這件事可以衍生出三項重要課題，那是我在工作中經常遇到，也將在本書中重複出現的課題。

首先，當面臨死亡時，我們需要抱持開放的意識，細心地傾聽和觀察。提供資訊並引導研究方向的數據固然重要，但指導我們生命的故事本身也許更是不可或缺的。

其次，那些走到生命盡頭的人在許多方面都領先我們一步。他們不再只是病人（如果有人曾經是的話！）。有時他們可能需要支持，需要有人為他們做飯或是提供醫療與實用的協助，例如照護他們身體上的疼痛，或為他們穿衣、

清洗、餵食，又或者他們可能想透過與專業人士交談得到幫助。這都是一時的狀況。但我們**應該不間斷地**讓他們知道，我們已經在他們身邊準備好，要傾聽他們的聲音——這不僅僅是一種義務，所需要的也不僅是我們的頭腦，還包括我們的心。我們這麼做不僅是為了病人，也是為了自己，並將過程中所學到的經驗傳承至下一代。

第三項課題：不管是對我們或是病人而言，意義、同理心、愛和關懷，都不受時間的限制；從生命伊始到嚥下最後一口氣，它們都等著被發現與實現。不管對臨終者或是他們周圍的人來說都是如此：家人、朋友、熟人、醫護人員、研究者。當我們透過關懷、支持和愛的眼光看待生命時，所有人都能理解、看見、感受到生命的重要性。

活出自我

在理想的世界裡，我們的人生旅程應該在充滿愛和關

懷的家庭環境中度過童年,並在同樣充滿愛和關懷的情況下結束生命。換句話說,在這個理想的世界中,我們認定無論自己或他人,每個人都是獨一無二的——不管身處生命的哪個階段,無論是健康還是罹病,我們都是不同於物品的「某人」。從愛的角度、現實生活的實際相處這類層面來看,我們是什麼、做什麼並不重要,重要的是我們是誰:無論生或死,甚至超越生死,我們都是獨一無二、不可取代的。

讓我分享我的心理治療老師、奧地利臨床心理學家盧卡斯(Elisabeth Lukas)講述的故事,以說明這一點。在這個同卵雙胞胎的悲傷故事中,兄弟其中一人死於心臟衰竭,身後留下悲痛的家人。從那時起,每當雙胞胎中倖存的那人拜訪死去兄弟的家人時,孩子們都會迴避與他碰面。試著想像這些家人眼中看到相似的身影,內心卻感受不到這是父親的情景。表面上看,就像他們失去的父親回到了

家，但這不是他。無論他的聲音和舉止與死者多麼相似，他們仍是不同的人。這人的記憶、人生故事乃至自我，都與他們逝去的父親不同。單純的相似性不能凌駕於認同與個體性之上。換句話說：**關鍵在於我們是不可取代的獨立自我**。這道理適用於每個人，包括那些體弱、甚至無法再與人溝通或失去意識的人。我們身上散發出的每項生命跡象都是非常個人化的，充滿了我們的個性，因此是無與倫比和獨特的。身而為人不只端賴我們的作為與外在表現，還在於我們是誰。現代神經生理學的先驅謝林頓（Charles S. Sherrington）爵士，因其在神經元功能方面的開創性工作，與阿德里安（Edgar Adrian）共同獲得 1932 年諾貝爾生醫獎。他用近乎詩意的語言描述這些特徵和自我的本質：

> 我們清醒時的每一天都像在舞台上演出。無論好或壞的喜劇、鬧劇或悲劇，一切都由「戲劇角色」，

第一章　將死之身

也就是「自我」來主導,直到帷幕落下。自我是個整體。就時間的角度而言它是連綿不絕的,有時即便睡眠也很難打破它;它與外部感官空間不可分割,它的觀點具有一致性,加上它的經驗是私密不受干擾的,加總起來賦予它獨特的存在地位。[6]

自我視自己為整體,別人也如此看待它。它認定自己是誰,並回應以此對待之人,法律和國家也這般對待它。

因此,自我的傳記在獨特而具體的意義上,就是我們的故事。但是與我們相屬,只是它值得聆聽的原因之一。它幫助我們瞭解我們是誰,以及我們已經成為什麼樣的人。它幫助我們瞭解自己和他人,欣賞我們所遇到的每個自我的故事、記憶和生活,這是我們人性的證明。

第二章
死亡、疾病和我們是誰的問題

Death, Disease, and the Question of Who We Are

失智症與自我

我們當中有許多人從周遭親友或他人口中聽過這類個案——有人過往的記憶與生命故事被奪走了。這些情況由失智症和其他神經系統疾病引發，過程殘忍無情；病患的記憶、心理和溝通能力會被緩慢或突然地奪走，重病患者

的情況甚至更糟。

可悲的是，這些都是司空見慣的事：一輩子和藹可親足為典範的鄰居，罹患失智症後可能會變成精神錯亂、暴躁和好鬥的人。幾年前有一本廣受好評的書籍，書中暢談義大利文藝復興時期繪畫的藝術史學家由於快速滋生的腦瘤，已經忘卻關於這主題的一切，接下來也很快會忘記自己的妻兒。或者一位一生以家為重、用溫暖和關懷支撐家庭的祖母和母親，隨著失智症的病程進展，逐漸不再關心兒孫；很快地，她就會記不起他們的名字，最終忘記她有孩子或孫子。

這樣的場景每天都在各個國家與文化中重複上演。光是在美國，就有約八到九百萬人患有失智症，大致相當於紐約市的人口；全世界約有五千萬名患者，每年新增病例約一千萬，更別提因腦瘤、中風或事故而導致的其他神經系統疾病或認知障礙。

這些悲慘案件的影響深遠。病患、家屬以及照顧者經常提到，他們在面對這些疾病帶來的個人和生存問題時感到孤立。護理人員遭受的痛苦往往來自兩方面：首先，照顧患者與之共同生活的日常，經常就已經夠困難和痛苦了。其次，當他們終於有時間靜下來休息和反思時，他們的思緒便開始遊走：「生命就這樣結束了嗎？如果這就是終點，那麼包含往日時光在內的這一切究竟有什麼意義呢？」

因為工作之故，我有機會與許多失智症患者的家屬通信或交談，他們告訴我，親人罹患疾病影響所及不僅在日常生活層面，更讓他們產生疑惑。他們當中有許多人隱約地感覺到：最終仍能讓他們感到安慰的源泉——他們對生命意義的信念，對於靈魂的信仰，認為人類命運宏偉不移，不會因失智症和其他此類疾病而崩壞的宗教或精神信仰——隨著他們思考眼前上映的無聲戲碼，思考其中的含義時，一同變得晦澀破碎。「如果疾病讓我知道這些非物

質或靈性面向可能根本不存在，又或者是脆弱而完全無法擺脫物質條件擺布的，那我如何能在非物質和靈性信仰中找到安慰呢？」他們問。「我該如何持續盼望，如果我希望的根基就在面前逐漸流失？如我親眼所見的，自我似乎終究只不過是生物性的，我要怎麼繼續保持信仰呢？」

他們經常問到：「如果這就是生命，生命的目的為何？如果我的祖父在漫長的一生中所成就的一切——他唯一能倚靠的記憶、自我、性格和個體性——都被他的疾病給摧毀了，那他活著還有什麼意思呢？在這種情況下，我們個人的生命意義何在？」

每天有數百萬的患者家人和朋友，必須目睹疾病或腦損傷引發的生理衰退如何抹去病患的過往。數百萬人目睹所愛之人腦中細小而非常微妙的病理過程，如何導致個人記憶的逐漸消散，甚至是自我認同的明顯喪失。他們眼睜睜地看著傳統上用來標榜自我的印記——個性、言語、記

憶和意識——被侵蝕或完全消失：

「爸爸，我是你的小兒子史考……。」

我沒想過自己有說出這句話的一天——這句話蘊含著苦痛和哀傷。我仍在學著接受父親不認得我的事實。他忘記我的長相與名字。這比我所預期的還難以接受。〔…〕這是我人生的新頁，但我猝不及防，我要學會愛護和照顧一個忘記兒子的父親。[1]

生死存疑

談及失智症，聯想到的往往是導致身體機能退化的疾病，「殘忍地提醒我們斯人已逝。」但是當疾病奪走了上述這位父親的私人世界、他的記憶、自我認同以及——表面上看來——他的人格，他還剩下什麼呢？他的記憶、他

的私人世界發生了什麼變化?

面對這個問題,無論我們的答案是什麼,都會直接影響我們如何定義自我、乃至我們自身。那麼,特別是面對死亡與臨終時刻,失智症患者的經歷如何揭示病患的自我,乃至於人類自身的命運?失智症患者的人格特質與自我,是否會因神經病理方面的損傷,而遭到不可挽回的破壞?如果人格的完整性如此依賴大腦功能的完整性,是否也就清楚顯示了人的自我、心智與人格特質,最終不過是大腦的產物?宗教傳統揭示的任何關於「靈魂」的觀點,以及「靈魂」未知命運的可能討論,是否誠然只是無可救藥的陳腔老調和無知?

顯然,不僅只有罹患認知障礙腦部疾病的患者或親友會關注這些問題。它們也顛覆許多人尋常的認定、信念或希望,亦即相信自我的本質不僅僅是大腦這個極其複雜的神奇機器所創造出或虛構出的產物。

蘇格拉底的故事

　　大多數靈性和宗教傳統理所當然地認為我們每個人都持有某些無法毀滅、富有意義、永恆而真實、超越疾病甚至可能超越死亡的東西。正是這類傳統在很大程度上形塑了我們理解自身在世上的定位。人類不僅與大自然之美相遇，也遭逢其危險，但不知何故，我們希望並總是相信，超越時空限制之處，有著我們所由出的另一個境界，也將是我們最終回歸之處。宗教史和宗教心理學的研究顯示，世界上大多數的智慧和靈性傳統幾乎都長期持有這類信念。用我們現在的話來說，這類傳統認為，我們每個人、每個自我，儘管明顯受到生物性力量、疾病和死亡的影響，卻都被庇護著，得以避過全然的擺布。英國探險家兼東方學家斯塔克（Freya Madeline Stark）深入而謙卑地描述了衰老過程，以及當人越發趨近死亡時，該過程如何限縮一個人的世界。面對衰敗和死亡，她也寫下了自己虔誠的盼望——她賦予自己筆下的「給予者之手」（the Giver's hand）的信任：

在動身前往該處的路上，我們越發自由；因為掌控的幻覺以及伴隨而來的黝黑嫉妒，會隨著時間漸漸消散。失去我們擁有之物（或者該說，這是我們自以為是的情況）——我們的能力、朋友與所愛——使我們又一次如孩童般被動，但現在我們所仰賴的不再是人。我們擁有的越來越少，卻更能看出人類的富有。不求回報地恣意付出；我們個人財產減少了，卻在共同生活的世界中承繼了無限的愛，彼此快樂共融。放手回返到被動接受的狀態，讓我們準備好人生最終的落幕，回到黑暗之中，接下來的一切，只能交付給予者的手中。[2]

蘇格拉底是抱持這種盼望和信念最著名例子，可以說是最為美好莊嚴的見證。他是歷史上最早因其堅定之智慧而遭判死刑的人，下面是他本人和學生面對死亡的態度：

「但是我的朋友們，」他說，「我們應該記住，如果靈魂是不朽的，我們對靈魂的必然關注就不僅限於我們稱作有生之年的這段時光，而是時間作為一個整體；如果我們忽視這點，就會面臨可怕的危機。因為如果死亡可以逃避一切，對惡人來說不啻為一種恩惠，因為他們死後將擺脫身體、惡行與靈魂的束縛。但現在，既然靈魂被認為是不朽的，那麼除了盡可能變得善良和明智之外，惡人無法擺脫邪惡或以任何其他方式獲得拯救。因為靈魂只會帶著它所接受的培育與滋養，前往另一個世界，據說這些從逝者的旅程伊始，就帶來很大的好處或傷害。」[3]

於是面對處決，蘇格拉底開始了準備工作。雅典的傳統是要求死刑犯飲下「毒堇之杯」，這是用有毒鐵杉的汁液製成的飲料，攝入後會導致全身由下而上的癱瘓和失溫。但在飲下毒酒之前，蘇格拉底先洗澡，免除死者家屬清洗

屍體的工作。他維持人性尊嚴直到最後一刻。

服毒之前，友人克里托詢問蘇格拉底希望如何辦理葬禮？蘇格拉底藉此機會再次強調，人不僅是肉體，而是靈魂，因此沒有理由擔心該如何處理肉身：

「但是我們該怎麼埋葬你呢？」（克里托〔Crito〕問。）

蘇格拉底回答：「隨便你，只要你能留住我不至從你身邊逃脫。」他溫柔微笑著望向我們說：「我的朋友們，我無法說服克里托相信，現在正在談話並理清論證細節的蘇格拉底是真正的我。他認為的我是他即將看到的一具屍體，並詢問該如何埋葬我。飲下毒杯後我將不再與你們同在，而是去享受你們所知的有福之人的歡樂⋯⋯雖然這樣的話我已經說了很多，但克里托似乎認為這些是空話，是

為了幫你們和我自己打氣。」[4]

生物學與自我:「何謂靈魂?」

蘇格拉底的死刑判決並不公正,但無論如何,他的死亡英勇而壯麗——儘管毒堇之杯帶來的死亡相當難受。毒液從腳趾向上移動到頭部時會引起癲癇,最後導致呼吸停止乃至死亡。然而,蘇格拉底在向他的弟子們講授之後,轉而面向他自己未來的命運。他抱持期待,而這種期待顯然遠遠超過他明知即將到來的死亡折磨:「飲下毒杯後我將不再與你們同在,而是去享受你們所知的有福之人的歡樂。」

當今的西方世界不再將蘇格拉底的這種態度視為理所當然。一般來說,現代人似乎更像是多疑的克里托。在過去兩個世紀裡——隨著科學革命的持續進展——尤其是經歷 1990 年代大腦研究的黃金十年後,人類的自我形象發生了根本性的改變,對生與死的看法亦隨之不同。關於自主

性與現實的討論越發罕見,遑論談及靈魂的未來命運——事實上是絕口不提人類的靈魂。在科學相關領域,這類言論常常被認為是幼稚、過時或毫無可信度的。我們的討論往往是以心智(mind)取代靈魂。我們談論的是大腦或生物學。生物學以及最明顯可見的大腦研究,就此讓我們以一種非常不同的方式來描述我們是誰。這種理解自我的新方式,影響所及不限於科學出版品,還滲透到關於我們如何以及為何經驗、感受、思考和決定的日常討論中。例如,我們(不好意思地說,至少是我們專業人士)往往傾向於談論憂鬱症(depression)多過悲傷(sadness)。如果你用 Google 搜尋「悲傷」,會看到一百九十萬次的查詢紀錄;但換成「憂鬱症」,查詢紀錄就高達三百六十萬,幾乎是一倍之多。

影響所及,導致一種非常正當的人類情感,逐漸化為一個物質取向的生物學概念,最終化約為一項生物學的結果:人們普遍將憂鬱症歸因於血清素失衡。到此,悲傷等

同憂鬱症，而憂鬱症就是血清素失衡。但除了某些型態的臨床憂鬱症確實與（儘管更為複雜的）化學失衡有關之外：人們難道不再能夠單單只是感到悲傷嗎？也許他們的良心和同情心正在對抗人類加諸彼此的不公義和痛苦？例如，當我們得知每年約有九百萬人死於飢餓（換算下來就是該年度每天二萬四千人，這數字超過因愛滋病、瘧疾和結核病死亡人數的總和），我們會感到怎樣的痛苦或悲傷？這該說是化學失衡還是社會道德失衡？還有喪親之痛呢？失去所愛之人的哀悼之情，似乎不能只化約為化學反應。這是一種深刻的人性表達，顯現出愛以及所思念之人的獨特性和不可替代性。為了解釋我們的感受、思考、體驗、愛和渴望，我們用豐富多彩的神經影像，展示大腦因這類心理活動而發光：

> 如果你是科學新聞的愛好者，你很可能也會對大腦成像感興趣，這種技術可以產生大腦活動「發光」

的彩色圖片，顯示某類行為、想法和情緒背後涉及的大腦區域。也許你還記得最近的熱門討論，包括：大腦的某些區域會回應憤怒的聲音，某些區域在女性苦於失戀時顯得活躍、古柯鹼成癮者無法抗拒誘惑時的大腦活動、人際交往遭到拒絕與生理疼動涉及的大腦活動區域相當；遭到伴侶欺騙時，男女在情感和性行為兩方面的反應，呈現出不同的大腦活動模式（男性在涉及性和攻擊行為的區域，如杏仁核和下丘腦變得更加活躍）；當蜘蛛恐懼症患者想到蜘蛛時，某些大腦區域會變得更加活躍；當你第一次經歷強烈的浪漫愛情時，某些大腦區域會活躍起來。[5]

你可能會問：那麼靈魂呢？正如我們所看到的，這也是失智症和其他認知障礙神經系統患者的照護者經常提出的問題。對他們來說，這不僅是一個理論或哲學問題，也不是我們該用何種字眼描述心智活動的問題。他們需要

並且想知道心愛的家人或朋友在何方?這是一個迫切的問題,實實在在的、靈魂生與死的問題。

我們該怎麼回答呢?關於何謂人類,我們當代流行的敘事或模式能提出何種解答?正如上文中所見,自從西方世界發生科學轉向,以及宗教和靈性傳統衰落,現代唯物主義觀點認為,人類的感受與思想——心智和自我——甚至我們對意義、愛和慈悲的渴望,都只是大腦的產物或功能。失智症和其他嚴重神經系統疾病造成的毀壞,似乎在告訴我們人類心智有賴完整的大腦功能,這是唯物主義觀點的其中一項基礎。除此之外,這類觀點也立基於大量的科學研究,這些研究顯示每一種感覺、情緒、想法、選擇,都伴隨著相應的大腦活動。唯物主義者因而推論,靈魂的概念也是單純由大腦活動所引發的,所以有關人類內在生命的任何額外解釋都是非必要的。

如此一來,悲傷只是化學失衡嗎?愛、慈悲、我們對

世界和他者的關懷，都只是大腦活動嗎？還有想要瞭解我們到底是誰，以及我們為何身在此處的渴望？我們對意義、溫情、希望和愛的感知或希冀？唯物主義的理解架構似乎有所不足，難以解釋一切。

正如愛沙尼亞裔俄羅斯哲學家湯伯格（Valentin Tomberg）所說：

> 唯物主義荒謬地看待世界，就像是面對一件藝術品，不去考量其風格、背景、意義與其顯現的創作意圖，而只從所用材料的質與量來詮釋它。
>
> 這就好比想要透過化學分析寫詩所用的墨水和紙張，或者透過計算字數來理解雨果（Victor Hugo）的詩，這不是很荒謬嗎？[6]

然而這就是科學（或公眾輿論中所謂的「科學權威」）現今常見的作法。如此一來，科學取代「古老的形而上學」，指導我們認識何謂自身以及人類在自然中的定位。[7] 我在研究過程常想到：如果蘇格拉底活在現代，接受當前這個時代最新的科學思想洗禮，他是否仍然能夠問心無愧地說「靈魂是不朽的」？

活在我們這個時代的蘇格拉底當然很有可能會指出，我們必須認真看待唯物主義主張的根據，也就是如果僅用物質工具來衡量物質（例如大腦活動），就只能找到物質性的對象和關係。因此，問題不在於你發現什麼，而是你在尋找什麼。如果你只計算一幅彩色圖畫中的紅色物體，那麼你對這幅畫的描述就只局限在描述畫中的紅色物體，而這是極為片面的。所以如果你只測量某物，那麼聲稱僅僅只有你測量的對象存在或是重要的，當然為時過早。在這方面，唯物主義確實存在某種程度上的循環論證。

或者我們可以這樣說：當談及心智（「靈魂」）的運作有賴大腦功能時，需要考量條件和原因之間的差異。比方說，你需要一支鉛筆來寫一首詩（這是一項條件），但沒有人會因此聲稱是鉛筆寫下這首詩（這樣一來，鉛筆就是這首詩的原因，但這顯然不是事實）。在本書後續章節，我們會再回頭簡要地討論這些問題；在回顧了一些比較晚近的研究後，我們會發現關於我們是誰、何以為人，以及人類未來命運的故事，透過大腦（及其最終停止發揮功能）所能講述的，只是一個非常不完整的片段。

但就目前而言，有鑑於引領風潮的唯物主義在其領導地位和影響力上鮮少受到質疑，現代人在認識自己、人類本質與自身死亡的相關議題上，面臨的挑戰遠勝以往。他必須決定自身的死亡對於他這一生的行為和故事意味著什麼。這不是一件容易的事，考量到整體而言，靈魂和生命意義的普遍宗教共識日益流失。我們迫切需要幸福生活和

臨終安寧的榜樣——或者看來似乎如此。我們如此渴望，然而屬於我們這個時代的蘇格拉底何在？當我們試圖將死亡「外包」給特定的醫療單位時，我們是否還會遇到或願意傾聽這些榜樣？我們不再誠實且公開地面對死亡——更關鍵的是，我們幫助和陪伴那些垂死之人的意願下降了，這是否也起因於唯物主義的興起？

如果答案是肯定的，人格特質和死亡這類問題就會變得更加重要。問題在於：我們面臨哪些當代科學理論與數據？靈性盼望與關懷要如何與時變遷？後者是否真可能辦到？

魔法織布機

除了哲學家，還有許多人都曾思考過這些問題，當中包括研究人腦和心智生物學最優秀傑出的先驅，例如澳洲神經生理學家埃克爾斯爵士（Sir John C. Eccles），他與霍奇

金爵士（Sir Alan Lloyd Hodgkin）和赫胥黎爵士（Sir Andrew Fielding Huxley），因發現突觸後抑制神經纖維刺激傳遞的機制而獲得諾貝爾獎。

除了研究大腦功能和運作過程，埃克爾斯終其一生思考不輟的問題還包括具有意識的心智和自我的本質，並出版相關所得。像是與波普爾爵士（Sir Karl Popper）合著的《自我及其大腦》（The Self and Its Brain, 1977）一書[8]，可說是現代基於經驗性證據的二元論宣言；其論證我們內心深處的自我超越了單純的生物學範疇——我們人的內在自我是超驗的。

學生時期讀到這本書後，我立刻將埃克爾斯視為我的學術榜樣，決定以之為題撰寫論文。1996年，高齡九十三歲的埃克爾斯（他於隔年去世）出版了他最終也可以說是最重要的一本書，書名直指問題核心：《自我如何控制大腦》（How the Self Controls Its Brain）。[9]

他友善地接受我的論文採訪，允許錄音。在漫長採訪的最後，我針對他晚近的概率場研究和二元論相互作用問題，提出了我所有的問題，並認定這段採訪該來到尾聲了——但意想不到的事情發生了。我正要感謝埃克爾斯撥冗接受採訪時，他語氣略頓，反過來謝謝我提出問題。儘管我能感受到他在長時間的談話後倦意漸生——他的聲音變得更低沉柔和，幾近耳語——但他仍然繼續訴說。

　　他鼓起勇氣說出對他來說顯然意義重大的言論——可說呈現了一位著作等身且治學嚴謹的神經科學學者一生的智性和精神遺產。當時的聲明以近乎詩意的方式，預見我的研究小組目前工作的核心，本書將在後續章節中介紹。

> 我想補充一點，最重要的一點——我們意識自我的奧祕（It is the mystery of our conscious self）。如你所知，我的大部分研究都致力於這個自我——它是如何產生

第二章　死亡、疾病和我們是誰的問題

的?它未來的命運是什麼?在我與波普爾爵士合著的書中,我對「自我只是生物學過程和大腦活動的產物」觀點提出懷疑。我認為,我們必須承認有一個超越任何生物學或唯物主義原則的奧祕存在,亦即我們存在本身固有的特質。因此,有兩件不太可能發生的事件指向生物學之外、可說是形而上學的「切入點」。第一個事件是人類的出生:我發現自己身為有意識的自我存活於世,擁有這副身軀和大腦。我的大腦創造出自我嗎?我越發覺得這個觀點並不可行。我們發現大腦中的個別過程,但卻沒找到統合的自我。套用我在牛津大學的師長查爾斯‧謝林頓爵士(Charles Sherrington)的話來說,大腦是一台神奇的織布機,但如果沒有自我,沒有人有辦法織線成布。

第二件事件便是死亡。我要如何相信我的意識

存有——這項神奇禮物——沒有未來可言?我無法置信。我們驚人的心智神祕地與大腦相聯,因而得以體驗人類的愛和友誼、大自然的壯麗、享有和理解人類文化遺產所獲得的智力刺激和快樂。人生是充滿挑戰的冒險,其意義必然有待發覺。人生的意義就交纏在生與死這兩件事上——我比以往任何時候都更深信這點——超越了生物領域和大腦這項奇妙的工具。

埃克爾斯談到「形而上學的切入點」並討論生與死這兩項人類生命中的決定性事件,他的重點顯然不在肉體的出生、成長、衰退和腐敗,而是強調自我或意識心智的作用,超越了生物學和大腦。

然而,儘管埃克爾斯論斷自我本質時的態度謙遜令人動容,問題依舊存在:從生物學的角度來看,這種自我觀

站不住腳。問題的根本在於自我明顯依賴大腦的完整性來運作,特別是對於以埃克爾斯為代表的心智(「靈魂」)與大腦二元論來說,如果人類心智確實不僅是大腦的某項功能,那麼神經系統疾病和大腦中微小的生化作用變化,何以能嚴重損害心智功能?例如,二元論者如何解釋失智症造成的心智功能衰退?或者影響較不明顯,但同樣足以說明「心智有賴大腦」的下面這個案例?

心智與唯物主義

來自西維吉尼亞州米爾頓鎮的安·克萊斯提弗(Ann Klinestiver)是位受到當地人尊敬的老師,身為虔誠的基督徒,她強力反對賭博,更重要的是,她對賭博一點也不感興趣。然而在患上帕金森氏症時,她服用常規治療藥物力必平(Requip)以控制顫抖。這種藥物通常會對大腦造成類似多巴胺的影響,特別是在運動控制方面;但是在安身上卻引

發了不尋常的副作用——安開始沉迷賭博並最終成癮:

> 早上七點店家一開門,她就開始賭博,一直玩到隔天凌晨三點半保全趕她離開。「然後我就回家上網賭博。」〔⋯〕沉迷賭博一年後,安輸掉超過二十五萬美元。她已經耗盡存款和退休金。〔⋯〕「我賣掉所有能賣的東西。〔⋯〕我偷拿孫子們的銅板。我失去了所有重要的東西。」[10]

考量到這種副作用的影響,安的醫生建議停止服用力必平,果然安的顫抖症狀又回來了,但她對賭博也幾乎立即就失去了興趣。這並非單一案例;我們觀察特定神經因素的影響時,常會發現某種規律性——這類發現進一步強化了我們對於意識、心智和人格具有神經性基礎的觀點。根據研究顯示,服用多巴胺作用劑的患者當中,有超過十

分之一的比例成為強迫性賭徒，並且會持續賭博直到停止用藥為止。這些具體案例背後的神經機制實際上並不難理解：多巴胺影響所及不限運動控制，還包括獎勵系統的調節週期，從而使賭博成為一種令人興奮成癮的活動。

正如我已經指出的，諸如此類的案例（神經學文獻中充滿了這樣的案例）壓倒性地證明了心智和人格特質由生物學驅動的程度。所以問題依然存在：不過是幾毫克的日常用藥所引發的大腦細微活動變化，就能產生如此巨大的心理影響；既然有如此充分的證據證明心智對大腦的依賴，那麼如何才能合理地——而不僅僅是一廂情願地——堅持靈魂的觀念（並且對靈魂的未來抱持希望）？

還有，我們要如何將這一點與埃克爾斯關於自我不受限於大腦的出色信念調和起來？還有蘇格拉底的慷慨赴死？蘇格拉底遇事不亂，即便毒藥導致他的身體衰弱、四肢逐漸癱瘓，他仍堅持靈魂永續的信念直至生命終結。蘇

格拉底最後用布遮住臉,以免學生看到他抽搐的面容。劊子手可以奪走他的生命,但不能奪走他的個人尊嚴,也不能奪走他的靈魂。來尋我吧!如果蘇格拉底告別學生和世界的方式,足以見證獨立的自我——他的「靈魂」,那麼我們該如何看待那些恰恰相反的失智病患呢?後者並非以全然有意識的心靈來感知身體機能的逐漸減退,情況正好相反,我們在失智症或其他嚴重神經系統疾病中觀察到的情況是,心智和自我逐漸跌落長眠不醒之界,而身體機能卻相對毫髮無損地繼續運作。就像澳洲哲學家史馬特(J. J. C. Smart)所言:

> 不管是缺氧或是受到麻醉或催眠藥物的影響,我們都會很快地失去意識。此外,使用適當藥物或是器械刺激大腦不同區域,能大幅影響意識的表現。現代神經學研究累積的全面證據讓人很難相信,大腦

停止運作後還會有任何思想或意識體驗。[11]

　　所以,也許大腦這部魔法織布機根本無須織工;織布機甚至可能根本不具法力,只是一台奇妙而複雜的機器。但仔細想想,想清楚魔法織布機這個比喻的意涵:歸根究底,奇妙的生物機器仍然只不過是台機器。機器有了無法修復的缺陷就不復使用。無論這些機器多麼出色,一旦失去功能並且無法修復,它們就會被丟棄。在這樣的脈絡下,人性尊嚴的問題也浮上了檯面,特別是有關體弱者和病患的尊嚴議題。畢竟不過八十年前,我寫作此書時所在的城市維也納,乃至奧地利與德國全鏡,至少有三十萬人成為納粹「安樂死」計畫的受害者。這些人做了什麼?什麼都沒有。他們遭判死刑不是因為他們**所為**,而是因為他們**所是**:生病、體弱,依賴他人的幫助、憐憫和同情(某種程度上,我們所有人不都是這樣嗎?)。光看就知道他們的人生不值得活著。

當時，人們說的是一種缺乏意義、「不值得活的生命」——那些被認定不管從任何方面來看，認知或心理能力有限或受到損害（或只是某種獨特和背離常態）的人，事實上已經喪失了生命權。畢竟，如果沒有織布工，為什麼還要保留一台嚴重故障的織布機呢？這就是獨裁政府冷血的化約論和虛無主義。獨裁常見的特徵是缺乏仁慈、耐心或同情心，很少對個人抱持盼望：比如說，希冀在可見的疾病背後，那些只看重肉體功能的嚴厲視線之外，仍然有一些珍貴的、真實的、值得保護的事件發生在內心世界中。

我們所抱持的觀點，影響所及不限於社會和倫理層面，還有深刻的個人和靈性面向；關係到你、我以及我們所愛所護之人——事實上是一切重要的事情：一切人道、人性和更為深遠的事情。

先將靈魂摘除

奧地利裔美籍哲學家愛德華茲（Paul Edwards）以他認識的 D 老夫人為例說明這些影響。來自維吉尼亞州的富太太 D 夫人是銀行家的遺孀。愛德華茲形容她十分優雅、仁慈、慷慨、有教養、善良，也提到：「我不知道她如何看待癱瘓或身障人士，但我認為她肯定抱持同情心，當然也不會想要毆打對方。」當 D 夫人罹患阿茲海默症且病情逐漸惡化時，她被轉移到療養院，與一位依賴輪椅的癱瘓老婦同住一房。在療養院的第一年，D 女士的情緒保持穩定（雖然有些健忘和困惑），但之後她變得越發好鬥和暴力。「接著，她開始毆打護士。大約在那時，她已經認不出自己的女兒，她甚至曾毆打這位癱瘓的女士兩三次」[12] 這導致她被轉移到專門收治特別難搞和暴力傾向病人的「特殊病房」。

愛德華茲引用這個個案的目的，不僅是為了描述失智症引發的戲劇性轉變。他更關心的是另一個完全不同的面

向——失智症和其他類似疾病顯現出心智對大腦的依賴，考量到此一事實，認定人類的真正本質不是神經機器，而是「非物質性靈魂」的「老式二元論」（好比埃克爾斯）不再站得住陣腳。

愛德華茲得出的結論既簡單又發人深省：D夫人清楚可見的行為變化，顯然是由於疾病之故。二元論者可能會爭辯說，她真正的個人認同——D夫人的自我，或用更古老的宗教術語來說，她的「靈魂」——仍然是和藹可親、善良、體貼的D夫人，是她生病之前的樣子。這是假設她的「靈魂」其實並沒有失去，只是難以接近、藏匿或隱身在她內心的某個地方。因此我們不得不說，D夫人在她內心深處的某個地方，確實還認得自己的女兒，但疾病使她與外界的交流不如以往；她也真的不是有意毆打護士遑論病友——只是不知何故受疾病驅使所為。

愛德華茲得出一個不同而看似令人信服的結論：只要

D夫人的大腦功能正常，她就會表現得和藹可親、親切、合理、正常。只是隨著病情的發展，她的行為變得越來越不像她自己。接著只要病情進一步惡化，原本的D夫人就會完全消失。她原本的自我——可說是她真實的、患病前的自我——已經迷失、死去，即便她的肉體還活著。用更一般性的字彙來闡述愛德華茲的觀點，就是人類的自我、意識與個體性——簡而言之，「我們」——最終不過是大腦活動的產物。而這個結論不僅適用於失智症患者D夫人，也適用於現在不復可見、原本健康的D夫人（或你和我）：

> 如果「靈魂」存在，腦損傷就不可能同時損害我們的情緒和感受，但這確實發生了。〔…〕如果記憶、行為、情緒都是由大腦控制的，那靈魂有什麼功用呢？〔…〕現代科學證明靈魂的觀念是錯的。一切都是生物性的。[13]

「一切都是生物性的」,引用英國分子生物學家、DNA雙螺旋的共同發現者克里克（Francis Crick）的話：

> 你這個人、你的歡樂和悲傷、你的記憶和抱負、你的個人認同感和自由意志,其實只不過是大量神經細胞及其相關分子的行為。[14]

這類觀點很明顯地並不只限於一家之言,這涉及比人類自我本質更重要的面向,事實上,這牽涉到我們之所以為人,生存在世上所有至關重要的一切。美國演化生物學和科學史家普羅文（William Provine）總結了「靈魂終結」觀點在哲學和存在主義面向上的意義：

> 做法真的就是這麼簡單。首先,你將靈魂摘除。你不得不這麼做,因為科學界不談靈魂。一旦你除掉

靈魂,自由意志和對來世的期盼也就隨之而逝。

沒了這兩者,剩下的就很容易處理了:道德少了終極基礎,人生也缺乏偉大的意義。宇宙中不存在神祇或其他有目的性的力量。一個人出生、過活、死亡。死亡就是撒手離開。當我面臨死亡之時,我全然篤定這是我生命的終結。這就是我的結局。絕對不對任何終極的意義抱持期盼,但也沒有什麼好遺憾的。眼下暫時沒有。[15]

英國心理學家薩瓦(Louie Savva)在給心理學家同儕(也是唯物主義者)布萊克莫爾(Susan Blackmore)的一封公開信中,發表了另一篇更個人化的論述,闡述了這一(唯物主義)**觀點的哲學意涵**。這封信的基調是哀嘆,伴隨從堅定的唯物主義而來的虛無主義:

大腦的運作賦予我們意識。我們都是終端產品，並且〔…〕我認為我對宇宙無足輕重〔…〕現在我選擇承認三項最重要的事實。生命沒有意義。死後不復存在。宇宙整體有日終將滅亡。這些知識讓我現在感到活著形同嚼蠟。為什麼要求知？畢竟某日都將煙消雲散。何必賺錢購買我沒興趣的東西？[16]

這般評價人性與人類在世界上的定位誠然發人深省。它與蘇格拉底的生死觀、還有埃克爾斯的人性觀形成鮮明對比，也否定了許多人的信念：認為生命中真正重要的東西是意義、愛、同情心、神聖性、連結與深度。

如果想要誠實地運用智性回應此一挑戰，那麼光強調失智症狀的異常嚴重性以規避愛德華茲的結論，將會陷入謬論。愛德華茲的觀點並不只是說患病的大腦造成 D 夫人脫軌的行為，他也提到 D 夫人原本的行為也是由彼時健康

的大腦所致。此外,各式神經系統疾病帶來各種更具選擇性和較細微的大腦功能故障和干擾,雖然造成的功能退化情況輕微得多,但對意識自我及其經歷和行為,具有根本性且通常是戲劇性的影響。

這些生理變化通常看起來微不足道,只有在精密檢視或顯微鏡下才會浮現。所以它們儘管細微——事實上極其微小,但仍會嚴重影響認知功能、記憶和自我認同。正如我們所看到的,它們更可能大力影響人格本質以及我們在世界上的定位和角色。

眼所未見之事

正是由於這個原因,愛德華茲的 D 夫人個案為生物化約論(biological reductionism)提供了特別有力的直觀論證。基於同樣的理由,失智症患者的照顧者、朋友和家人經常經歷自身存在意義的危機,因為失智症患者的自我似乎無法

從另類或脆弱的意識狀態中覺醒或回歸。中毒或其他原因引發的異常心理狀態對獨立自我概念的威脅較小，單純是因為這些狀態是暫時性的，「原本的自我」會在稍後歸位。只要等待的時間夠長，同一個人就會再次出現。在這種情況下，傷患實際上並沒有迷失或被摧毀，只是他的心智在某些生理因素的影響下暫時改變。面對這種個案，我們不會質疑自我認同、人類本質或是死後的世界——相反地，在這種狀態改變後，「正常人」的順利回歸，應足以**支持**而非**反對**一個永久性的個人認同。因為「返回」就意謂著之前它一直「在那裡」——至少是潛在地，只是暫時隱藏起來。

正如愛德華茲的例子所顯示的，在失智症和其他不可逆轉的神經系統疾病的病例中，恰恰缺少這種回歸正常的證據。由於疾病被認為是不可逆轉的，並且遲早會導致患者死亡，因此，認為病患（「原本的自我」）在某種程度上仍然保留著、只是被隱藏在疾病背後的想法，可能只是種衷

心的盼望，卻會在考慮到實際情況時顯得根本不合理。

一旦自我隱身——我們能做什麼，我們該做什麼？20世紀初歐洲牧養醫學（pastoral medicine）天主教傳統的思想家和作家認為：肉眼無論如何都無法真正定義一個人。這項傳統認為，只有眼中帶有善、愛和情，才能揭示人類不可見的面向——關於人、自我、希望、勇於投入生命所經歷和取得的成就，以及私人的世界。同樣的一雙眼睛，也能看到一開始就根植於人的希望和承諾，只是由於疾病或殘疾而不再能夠顯現出來，或者不那麼清楚。這樣的許諾只有透過動情的雙眼才得以看見。一旦看到，關懷和仁慈就會自然流露出來。很難想像這些想法是在大規模屠殺席捲歐洲之前幾十年寫下的，許多發文支持保護體弱多病者的作家，最終都被關進了達豪集中營（Dachau），當中大多數人被安置在總數約二千七百個的「牧師區」。這些區域是保留給那些不接受「安樂死」的牧師，他們反對在根本上

將人的價值貶低到僅是生物功能的想法。

杜思妥也夫斯基曾經寫道：愛一個人意味著按照上帝的意願看待他。這種措辭對於今日的讀者來說可能有點過時。然而，那些**參觀過管理較為良好的臨終關懷或安寧療護機構，曾親眼目睹護士以深情的奉獻、有尊嚴地對待病患的人，都會知道**這不僅是華美的詞藻，更描述了護理人員的日常現實、他們每日的服侍。透過他們善良、仁慈和奉獻的眼睛，他們親見病人身上完整的、健全的、人性的、堅不可摧的東西，即使它被疾病和失能的症狀所掩蓋。

但愛的根基是希望，而非經驗事實。因此，對於研究人員或具有科學背景的思想家來說，這不足以應對失智症和人格特質的挑戰。然而，正如我們將看到的，不僅只有愛才得以不時瞥見完整的內在之人（inner person），即使這個內在之人實際上由於疾病之故無法為肉眼所見。更有甚者，人類存在的另一個重要時刻——死亡——似乎也在某些情

況下，確實使不可見的事物變得可見——不僅回應了充滿愛意的目光，而且在事實上回應在場的**每個人**。

第三章
自我的回歸
The Return of the Self

然後,意想不到的事情發生了

我們接著回到愛德華茲的 D 夫人案例,看看她的故事如何展開。將時間快轉一年左右,D 夫人由於認知能力進一步的下降以及攻擊性行為,被轉移到「問題病患」的特殊病房。在這一年中,她的精神和身體狀況持續惡化。她

只是原本自我的影子。過去的一週內,她的身體狀況急劇惡化。醫生們一致認為她的死期將至——也許只剩幾天,也許是幾個小時。這種情況下按照慣例,他們會通知家屬陪伴在旁。他們知道,由於D夫人患有晚期失智症,她不會認出任何家人。這也不是家屬前來陪伴的目的。他們是來向她致以最後的敬意,向共同度過許多美好時光的祖母、母親、姑媽告別——直到她的精神狀態惡化到難以被忽視,不得不轉移到醫院乃至最後的安養院。

然而,當他們齊聚在旁,完全意想不到的事情發生了。情況難以言喻,只能說:D夫人「回來了」。她的眼中重燃生機;她看起來就像是從漫長的沉睡中甦醒。她眼底漸漸地又重現光芒,她溫柔地微笑著,叫喚每個家人的名字並與之交談;她的聲音低沉無力,呼吸困難,但她仍然說著話,和他們一起回憶。她向他們告別。簡而言之:她「重新出現」為一個溫柔的人——她所有的記憶、私人世界和

人格特質都完好無損，一如患病之前。愛德華茲宣稱她的自我由於神經系統疾病而被摧毀，但此時這份自我卻呈現在前，即使這狀況只維持很短的時間。

她的家人想知道：這次的回歸意味著什麼？它是怎麼發生的？她會留在我們身邊嗎？在所有這些問題中，至少最後一個很快就能得到答案。第二天早上，她的女兒接到療養院的電話。D夫人在凌晨時分於睡夢中過世了。但是發生在D夫人生命最後一天的事情仍舊是謎。她怎麼能恢復她的記憶、言語能力、溫暖仁慈、幽默感、她的「原本性格」？她的神經狀態在恢復清明時沒有伴隨任何明顯的改變——她備受阿茲海默症殘酷打擊的大腦結構和活動並沒有任何變化；醫學史上尚未有已知的案例顯示，阿茲海默症導致的可見組織退化能逆轉或消除。這樣的逆轉工程幾乎相當於將白水煮蛋回復成生蛋。此外，我們現在知道除了像D夫人這類阿茲海默症患者，這種情況還出現在其

他多種神經系統疾病患者身上。根據報告指出，患有腦膜炎、腦腫瘤或其他原發性腫瘤轉移到腦部、腦膿瘍和中風以及慢性精神疾病的患者，也會出現迴光返照。[1]

正如我在第一章中曾扼要提到的，自古以來就有個別病例紀錄提到這種原本自我的意外回歸，貫穿整個醫學史。事實上，許多早期的醫學文獻，特別是17世紀到20世紀初的這段時間，都提到患有嚴重、無法治癒的神經和精神疾病患者，他們的心智因病而「消失」——或者正如愛德華茲所說的那樣說「被摧毀了」——然而，他們卻在死亡降臨之時，出乎意料，自發地恢復了他們的記憶、認同感和「原本的自我」。

這些個案之所以如此引人注目，首先是因為它們展現出的美好、莊嚴和神聖（此類事件的見證人經常使用這些形容詞）。其次是因為它們幾乎與我們（或大腦與心智關係的研究者）的信念相矛盾：我們相信心智仰賴大腦的運作（「先將靈魂摘除」）。

遇到瀕死前的非預期自發性緩解（迴光返照）時，人們不禁想知道這到底是怎麼回事？神經元顯然不會大規模地再生和重建，特別不可能在迴光返照那短短的時間內自發發生。因此，這些患者如何能在瀕死前的短時間內，回復被認定已不復存在的自我意識和記憶，以及已然喪失的認知能力？這確實是非同尋常，並且仍未被解釋的。正如哥本哈根大學醫學院外科教授布洛赫（Oscar Bloch）在1903年回顧早期病例時所寫下的：

> 精神病患者在完全健康的情況下也會發作，這並不是什麼新鮮事……這樣的精神病患如果在清醒期死亡，他的死亡就和健康人無異。然而，如果長期患有精神疾病的人漠然地坐在那裡，彷彿這個世界對他來說不存在，生活得更像動物而非人類，甚至智力不及動物的水準，如果這樣的人突然展現出理

智──而且這種情況發生在他去世前不久──人們理當感到驚訝。[2]

研討會帶來的驚喜

現在，科學家將「理當感到驚訝」轉化成一項重點：這意味著我們觀察到的現象，與根據科學理論做出的預測相矛盾。因此，如果這確實是「理當」感到驚訝，即基於真實可靠的觀察而來，那麼既有的理論很可能存在缺陷，需要擴展或修正，又或者是完全錯誤的。這種理論檢驗的過程稱為證偽（falsification），它通常被認為是檢驗和判斷理論真實價值的黃金標準：能夠基於其所述的法則或規律做出正確預測的理論，才是良好有效的（假設我們有足夠的知識基礎做出這些預測）。誠然，在這類腦部嚴重病變的個案中，清明的心智如何可能同時存在？愛德華茲認為 D 夫人的自我最終因神經系統疾病而衰退和毀滅，我們卻在這些個案

中看到與之相反的觀察結果。

那麼，也許織工的絕唱還為時過早。也許正如埃克爾斯所言，織布機並不和織工劃上等號。想想這當中的意涵。如果普羅文的虛無主義宣言，主要基於「先將靈魂摘除」，那麼重新發現並承認靈魂（「接著靈魂歸位」）意味著什麼？

有些不尋常的事情顯然正在發生。在布洛赫沉思之後一百多年，迴光返照引起研究人員的注意──位於馬里蘭州貝塞斯達國家衛生研究所的國家老化研究所（National Institute on Aging），在 2018 年夏季針對迴光返照舉辦國際專家研究研討會（論晚期失智症清明度悖論研討會〔Paradoxical Lucidity in Late-Stage Dementia〕，國家老化研究所）。我們這個小組的九位研究人員來自多個領域（神經學家、心理語言學家、護理研究人員、精神病學家和心理學家），齊聚在這個專家研討會上討論迴光返照（研討會籌辦者傾向稱之為悖論），並制訂探索這個主題的研究策略。在國家老化研究所老年病學和臨床老年學部門

醫療主管埃爾達達（Basil Eldadah）、行為和社會研究部門健康科學家管理研究員法齊奧（Elena Fazio），以及神經科學部門計畫專員麥克林登（Kristina McLinden）等東道主好客且令人鼓舞的帶領下、我們討論了迄今為止對這神祕現象的瞭解。小組討論的進展有限——我介紹自己稍早研究迴光返照的部分初步結果，其他人則根據自己的臨床或研究工作，提出個人的觀察或研究想法。

我們在貝塞斯達度過了美好的時光；在這段時間內，我和同僚終於遇到志同道合的人，研究一個我們幾乎一無所知的主題，學術圈內有些人根本不相信我們。空氣中瀰漫著很少有機會體驗到的開拓精神。雖然研究人員的日常工作，包括擴展現有的理論和模型使其更加完備，但我們少有機會能藉由偶然、發現一種同時在多個層面上帶來革命性影響的現象，並獲得智性上的滿足感。我認為，我們每個人都以某種方式意識到，我們這個小團體的研究主題，

有潛力能改變數百萬人的生活,並減輕其痛苦。我們的工作能觸及身而為人的諸多面向和層次,以及即使面對退化性神經系統疾病如何**保有人性**。

我們利用午休時間、乃至實際研討會結束後的晚餐和散步時間,持續討論迴光返照是怎麼回事?意義為何?有沒有辦法利用尚未發現的迴光返照原因,來治療失智症和其他重度神經系統疾病?在此之前,什麼是迴光返照(悖論)?

為了進一步回答迴光返照引發的諸多問題,首先要回答的是上述最後一個問題:我們的主要任務,是為迴光返照這個矛盾現象正式地做一個初步定義,在此之上,才能進一步執行系統性的研究:

在由於漸進性和生理病學上的失智過程、導致被認

定永久喪失連貫的言語或行為互動能力的患者身上，出現之非預期的、自發性的、有意義的、相應的溝通或連結。[3]

換句話說，某些因腦部病變引發精神和認知障礙的無望病例，出乎意料地打破了我們原先持有的觀念——無論是在失智症和類似疾病的臨床預後，或是個人乃至自我的命運。這些案例似乎告訴我們：即使是嚴重認知障礙的人，其內在的自我偶爾也會透過「愛的雙眼」顯現出來。它還可以在這些患者臨終時，以不容誤認的清明揭示自身、閃耀光芒。在某些情況下，自我在迷失多年後回歸，儘管在那之前、在旁觀者看來，它似乎已經被摧毀了。自我不僅回歸，而且通常可以清楚意識到自身的回歸發生在生命的最後幾天或幾個小時。這就是迴光返照——回來告別。

在下文中，我將提供來自各式獨立來源的案例報告，

讓讀者更能理解這類現象典型的細節以及實際的狀況。以下的案例發生時間橫跨一百二十多年，由不同國家的各行專業人士（腫瘤學家、精神病學家、神經學家、生物學家和神職人員）留下紀錄，病患潛在的腦部疾病也非常不同——然而在人格、腦損傷和死亡方面，他們講述的故事非常相似，且皆與唯物主義大相逕庭。

勞倫茲個案

勞倫茲這個早期案例由柏林醫生洛布舍爾（Rudolf Leubuscher）記錄，取自德國生物學家納姆（Michael Nahm）的歷史病例集。[4] 在他 1846 年的文章〈瘋女人死前的意識回歸〉[5]中，洛布舍爾描述一位四十四歲的病人（勞倫茲女士）入住他的機構。勞倫茲女士長期處於迷惘和嚴重妄想的狀態。住院治療期間，她的病情逐漸惡化——嚴重頭暈、失憶，神智不清。她聲稱自己二十二歲，從未成家（四十四歲

的她實際上是五個孩子的寡母），並確信她的母親已經去世五十年了。

入院幾個月後，醫生注意到她的頭暈和昏厥症狀略有改善。然而，勞倫茲女士仍然非常困惑，並堅持她的妄想。隨著時間推移，她的精神狀態不斷惡化，頭暈和昏厥的頻率又恢復如前。1845 年 9 月下旬的另一輪發作後，她嚴重神智不清長達四個月的時間，最終於 1846 年 2 月去世。然而，洛布舍爾在他的病例報告中指出，隨著死亡的臨近，勞倫茲突然「意識自由而清晰地」醒來，

> 她又能夠意識到自己過往的整個人生，不再像之前那樣搞不清楚自己身在何處，衷心致意自己受到的照顧，為自己的不潔造成的負擔而道歉，完全知情自己的悲慘存在對這個世界毫無用處，抱持這樣的認知離世。[6]

勞倫茲死後的大腦解剖顯示她的大腦遭受嚴重的損傷：一到兩公分長的尖銳骨頭碎片，導致顱內的慢性腦膜炎以及腦膜軟化囊腫。此外，在幾個大腦區域發現了水泡以及腦室水腫。洛布舍爾對此診斷因此做出這樣的注解：

> 根據其他病理經驗，我們發現腦部疾病會降低認知功能並實際造成長年的影響，這段期間的精神活動幾乎沒有變化〔…〕我們也發現在器官功能未改變的情況下（至少根據解剖診斷），無法假定有明顯的再生現象，即精神活動沒有恢復到早年完整性的可能。[7]

安娜‧凱瑟琳娜‧艾默
（Anna Katharina Ehmer，又名凱瑟）**的案例**[8]

安娜‧凱瑟琳娜‧艾默是最著名的迴光返照案例（也出

自納姆的病例集,文獻討論中常提到這個案例),通常簡稱為凱瑟(Käthe)個案。凱瑟出生於1895年5月30日,六週大的時候開始長期癲癇發作,兩歲半時才學會走路。1901年6月17日,六歲的她被送進德國黑森邦特雷薩的赫法塔精神病房,直到1922年3月1日去世為止,在那裡度過餘生。以下內容來自她的案例紀錄:

> 凱瑟是個天生的傻子,從來沒學會說過一個字。她隨意盯著某個地方一連數小時,或是連續幾個小時坐立難安。她狼吞虎嚥、排泄、發出動物般的叫聲,接著睡覺。這麼多年來,我們沒觀察到她的生活中有任何其他的活動。我們從來沒有注意到她參與周圍的生活哪怕一秒鐘。她的身體狀況也惡化了:一條腿不得不截肢,體力也越來越虛弱。[9]

1922年3月1日,也就是凱瑟去世的那天早上,護士告訴她的主治醫生,「看來她很快就要死了,因為這女孩已經自言自語了很長一段時間。」[10] 住院醫生維特內本(Wilhelm Wittneben)對凱瑟的死亡做出如下描述:

當我們進入臨終病房時,我們簡直不敢相信自己的眼睛和耳朵:天生傻子凱瑟唱著她自己的死亡之歌。「靈魂在哪裡找到她的家、她的平靜?平安,平安,天上的平安!」凱瑟唱了半個小時。她的臉充滿靈性,煥然一新。然後她就靜靜地睡著了。醫生連同護士都一樣眼含淚水,不停地說:「在我眼前是醫學奧蹟。如果需要的話,我可以通過切片來證明凱瑟的大腦皮層被完全破壞,並且從解剖學上來看,不可能執行認知功能。」

因此,凱瑟只是貌似未曾注意身邊發生的任

何事情。但事實上,她瞭解的顯然不少。如果不是從周圍的環境,她從何處學到這首歌的歌詞和曲調呢?她理解這首歌的主旨,並在她人生的決定性時刻運用了它。這確實像是奇蹟。更令人驚訝的是,迄今為止完全啞口無言的凱瑟,突然能清晰地表達出歌曲的歌詞,儘管多次的腦膜炎發作,大腦皮層發生全面性的結構變化,使人無法理性地理解這個垂死女孩怎麼會突然口齒清晰地唱歌,並且知道自己在做什麼。[11]

納姆和格雷森廣泛研究相關文獻,在過往二百五十年[12]的舊醫學文獻中發現了八十多個這樣的病例。其中大多數的紀錄來自 19 世紀末之前——此後僅出現幾本以迴光返照為主題的著作。

但正如麥克勞德(Sandy Mcleod)在簡短的歷史文獻回顧

中指出的，藝術和文化編年史也出現過迴光返照的記載，例如 13 世紀丹麥女王達格瑪（Queen Dagmar of Denmark）的案例。陷入臨終昏迷狀態的她，在丈夫瓦爾德瑪國王狩獵歸來時短暫恢復清醒。該故事後來成為傳奇，1898 年馮羅森（Georg von Rosen）還以此為題作畫[13]。俄羅斯作家普希金（Pushkin）持槍決鬥受傷死於敗血症，主治醫生聲稱在他去世前不久發生了「就致命的病情而言，幻覺一般突然好轉的情況」。[14]

當代個案

歷史、藝術和醫學檔案出現相符的紀錄也許並非巧合——大約一百年前，醫生經常極其詳細地撰寫個案病例或是描述病情，有時幾近文學作品的程度。相形之下，今日的醫療紀錄則樸素的多，因為專業的標準精確規定了此類紀錄該有或是該避免出現的內容。這麼做是有正當理由

的。目的主要是使用一致的語言，從而使閱讀患者報告的同事更容易一目瞭然地掌握所有基本資訊。這樣的書寫紀錄雖然能夠提供病患協調良好、有效率的醫療協助；但從另一方面來看，也正是因為只從診斷或治療觀點單純記錄疾病（以及康復、生存或死亡），顯然未能更大範圍地將患者的人格和個性納入考量。醫學書寫在過去的一個世紀裡發生了不小的變化，但這並不表示迴光返照是過往因為諸如誤診、浪漫化或宗教偽善的敘述等因素所產生的人為結果，應該被一筆勾銷。晚近醫學文獻中較少提及這類現象，並不意味著它不再發生。該現象確實存在，近年來的研究已填補了被忽視數十年的空白。

自從我對這個主題的研究興趣為公眾所知以來，我多次聽到醫生或護士告訴我，他們目睹了迴光返照——只是他們沒有將其納入患者的紀錄之中，因為他們不知道如何用通行的醫療語言將其記錄在案：「接著發生了一件不尋

常的事,遺憾的是目前的教科書上缺乏專業術語可用來描述:病人在離世前不久恢復了記憶,最後一次與家人聚首,美好而令人心碎。沒有人明白發生了什麼事,只知道這很美好。」無論好壞,這不是今日常見的醫療紀錄方式。也許我們和其他人在迴光返照方面的研究工作將有助於培育一種新的文化,觀察和鑑別患者在經歷罹病、生活和死亡時的個別差異。畢竟,在過去一百年左右的時間裡,為數不計的患者在臨終時表現出非常不尋常的行為,還有人是在研究正式「證實」迴光返照現象存在(並且命名)後,才出面說明自己有過這類經歷。

但正如我們將要看到的,這種現象本身並不局限於特定的歷史時期;而且也不限於特定的地理區域或醫療文化:迄今為止,我的研究小組收集了來自許多歐洲國家、美國、俄羅斯、印度、南韓、日本、紐西蘭、奈及利亞和中國的當代報告。

針對這些近期的病例，我從收集的病例中摘錄一個 2019 年初的個案，這是根據一位患有阿茲海默症的德國老婦人的女兒所呈報的，總結如下：

> 我母親患有晚期阿茲海默氏症。她不再認得我們，似乎甚至不在乎我們這些每週探望她一兩次的「陌生人」是誰。然而在她去世的前一天，一切都不同了。她不僅認出了我們，還想知道我們每個人在過去的一年裡發生了什麼，為好消息而高興，為壞消息而落下罕見的眼淚（就像這位慈母般溫情的婦人失智之前的樣子）。她給我們的意見一如既往地明智和關切。當她聽說我的小女兒最近與訂婚對象分手並陷入深深的沮喪時，她要求她留下做伴，因為她想和她私下談談。
>
> 我女兒從來沒有告訴我她和我母親討論了什

麼，但這對她來說是一個轉捩點。我們離開時並不知道接下來會發生什麼事：她的失智症是否奇蹟般地痊癒了？然而，事後看來，我相信我和兄弟姊妹們都明白，母親清楚知道自己時日無多。她向我們每個人告別，握住然後用拇指撫摸我們的手（一如我們小時候那樣）。她——我想不出其他的方式來表達這一點——就好像她原本的樣子。遺憾的是，這情況未能持續。她於當晚去世。

納姆等人（2012）提出了另一位當代中年腦瘤患者的案例：

我們最近獲知的案例中，一位四十二歲的投資經理某天晚上「不知怎地」癲癇發作。儘管他的腦電圖顯示大腦活動全面性的減緩，後續的核磁共振檢

查卻顯示為正常。然而兩個月後的核磁共振複檢，找到李子大小的多形性膠質母細胞瘤。兩週後，當他接受手術時，腫瘤的尺寸增大了一倍，他的語言中樞所在位置也出現第二顆腫瘤。經過兩次腫瘤切除手術、伽瑪刀放射治療、椎內化療和類固醇治療後，他得以重拾兼職工作。然而腫瘤很快又復發，在嘗試實驗性口服化療藥物失敗後，他拒絕進一步治療，轉而在家中接受臨終關懷。他很快就臥床不起，一隻眼睛失明，大小便失禁，說話越來越語無倫次，行為也越來越奇怪。他似乎無法理解周圍發生的事情，回應家人肢體接觸的方式就像在拍打昆蟲。最終他整個晚上不睡覺，胡言亂語。

就這樣過了幾個星期，有一天晚上，他突然平靜下來，說話流暢，睡眠安穩。隔天早上與妻子交談時，口語仍保持清晰連貫，並首度與她討論即將

到來的死亡。然而，當天稍晚他就不再說話，躺在床上一動也不動，接下來兩週的時間停止進食或飲水，接著歷經幾小時的癲癇持續狀態後去世。[15]

我們無從得知這類迴光返照現象發生的頻繁程度。因為該現象本身還沒有得到詳盡的研究，更不用說它的盛行程度。但英國精神科醫師芬威克（Peter Fenwick）最近進行的一項研究顯示，超過七成比例的護理人員表示，他們在臨終關懷醫院工作時曾注意到臨終病人的精神狀態出乎意料地清明[16]。然而，要確定一項醫療事件發生頻率的黃金標準是進行所謂的「前瞻性研究」（prospective study）；也就是說，不在事件發生後進行研究（稱為「回顧性研究」），而是仔細觀察並追蹤預先確定的群體，這群人原則上有可能會出現研究者正在關注的現象，但不知道是否會發生以及當中會有多少人表現出這種現象。

2009 年,麥克勞德根據這個原則進行研究:他監測紐西蘭一家臨終關懷醫院連續一百例死亡病例,發現有六例患者在死亡前四十八小時內出現了迴光返照。在這些病例中,有三位腦部病變患者、四例嚴重神智不清、一名需大劑量鴉片類藥物治療——換言之,這些患者中有相當一部分因疾病或其他生理因素而出現認知障礙。即便如此,他們也經歷迴光返照,正如麥克勞德在下面的案例報告所示:

> 一位七十二歲的退休電工去年因持續咳嗽而就診。胸部 X 光檢查顯示肺部病變,確定為非小細胞癌(non-small cell carcinoma)。他在肺葉切除手術六個月後癲癇發作。接下來的六個月,採用全腦照射治療,緩解了腦部腫瘤轉移的症狀。這段時間他經歷了一系列無法控制的嚴重癲癇發作,伴隨左上肢無力。雖然皮質類固醇和抗驚厥藥物迅速緩解了他

的腦部症狀,但幾週內他的神經病學體徵就開始惡化。進入安寧療護醫院時,他已有失語症、大小便失禁、嚴重半身不遂,並於前一晚癲癇發作。他已經無法嚥下口服藥物。非口服(皮下注射)咪達唑侖治療(四十五毫克皮下注射／二十四小時)取代口服苯妥英,嗎啡(二十毫克皮下注射／二十四小時)治療胸痛,地塞米松(四毫克皮下注射／二十四小時)和氟哌啶醇(三毫克／二十四小時)治療噁心。他的臨床狀態維持穩定了三十六小時,但神經症狀僅獲得部分緩解。令人驚訝的是,接著他恢復了說話能力,變得警醒並能口頭回應家人。接著在十二小時內陷入昏迷,並在第二天平靜去世。[17]

正如我們已經說的,直到最近大部分此類病例報告都還只出現在歷史醫學文獻中,偶爾才散見於晚近的醫學著作中。它們在這幾年才成為系統科學研究的主題。截至

2023年1月我撰寫本書時，發表在科學和醫學期刊上的相關主題原創文章不過十幾篇之數。我將在以下討論中採用這些調查數據以及迴光返照目擊者寄給我的私人信件內容。

苦楚滿杯的禮物

自從幾家報紙和雜誌以及接踵而來的廣播電台和電視台開始報導我的研究後，經常有人聯繫我；他們寫信或告訴我，他們親眼目睹某人在病情惡化和臨終階段的意外回歸。

在醫生和護士的無措或研究人員的好奇之外，這些目擊者對這種現象提供了另一種觀點。不少目擊者的親戚和朋友告訴我們，目睹迴光返照的經歷讓他們感到孤獨和孤立，更糟的是，當他們試圖與他人談論這段回憶時感到被大多數人誤解。畢竟，一直到這幾年才有「迴光返照」這個術語用以描述這類事件；儘管正如我們所看到的，歷史文獻回顧顯示，在過去的幾個世紀中都曾有過關於迴光返

照事件的記載,然而這些臨終前的清醒時刻無以名之,也無從解釋,往往意味著那些受感動而願意談論相關經歷的人會被誤解或忽視,又或者選擇絕口不提。

迴光返照的目擊經驗可能是矛盾的。一方面,目擊者會提到他們珍視所見,是寶貴的記憶。他們的經歷無疑是非比尋常的,儘管正如我們的研究所顯示(下一章將對此進行詳細介紹),這種情況可能並不少見。另一方面,直到幾年前科學文獻中首度發表相關現象的系統研究報告之前,他們缺乏語言可以具體說明、描述、分類這類經驗,甚至難以置信他們所目睹的;除了無以名之,他們也常常缺乏與他人分享經驗的方法。

人要如何思考、談論,甚至開始理解一個直到最近都還無以名之的非凡事件?但即便如此,許多目擊者告訴我們,他們所看到的一切對自身的生活產生了深遠的影響,特別是如何看待個人認同、記憶和自我。他們當中有許多

人的措辭不那麼嚴謹，而是傾訴他們遇到了所愛之人未逝去的自我或靈魂——這個靈魂或內在自我長期以來一直被「隱藏」，因失智或類似的破壞性腦部疾病而無法接近。有些人甚至更進一步談論他們所目睹的靈性和宗教意義。

我將在本書後續章節中針對這點多加探討。不過目前我們顯然面臨著一種現象，可能會在人格、靈魂、死亡和臨終等議題上產生深刻的影響，也帶來許多問題。

第四章
背景說明
Setting the Scene

研究,但最重要的是傾聽

迴光返照帶來的問題之多,值得我們進行更徹底的研究。雖然我們目前對迴光返照所知甚少,但也正因如此,首要之務便是認真看待目擊者的報告。儘管他們的經歷並不尋常,但也正是這個緣故,我們更需要傾聽目擊者的聲

音。同時，從研究的角度來看，根據這些報告推定結論時也需謹慎。一般而言，即便沒有非凡的證據，異於尋常的主張至少需要良好的資料支持，也就是合理可靠且最好是可驗證的數據。據稱，許多因「不可逆」腦損傷而患有嚴重認知障礙的患者，會在臨終前幾小時或幾天前突然恢復記憶，能夠像從前一樣思考、說話和行動，就好像完全自發性地擺脫不治之症。這項宣稱從很多方面來看都不尋常。

但是，是否有非凡或至少夠好的證據支持這類的宣稱？我們確實看到大量個案報告和故事，這些都是感人的故事，值得被聆聽、承認和認真對待，有著人性和人道的一面。然而，從研究角度來看要複雜得多。在科學研究中，個人的報告（「軼事」）無論其資訊量多麼豐富或多麼具開創性，通常被認定是相對薄弱的證據（這裡的「證據」到底是針對何者而言？）。任何研究過目擊者報告的弱點和可靠性的人都知道，我們的記憶很容易出錯，人們有時會全然篤信

自己目睹了一些他們實際上從未見過或經歷過的事情。

此外，即使是今日的高科技醫學也不能免除錯誤發生：患者被誤診或吃錯藥，都會加劇病情而非緩解症狀。人都會犯錯。因應而生的可能就是感人美好的故事——感人而美好，但並不完全準確。這些就是為什麼所謂的「軼事」即便被接受為證據，通常也很薄弱的部分原因，特別是如果它與廣為接受的觀念有所牴觸，像是「各類失智症的病情發展是不可逆轉的」。

但同時我們也不能完全忽視個案報告。畢竟，正是這些軼事描述讓我們發現新的疾病（請記住，HIV 和 Covid-19 都是從非常小的群體開始的，以個人觀察、個案病例或軼事的形式呈報）。有些突破性的醫學發現始於軼事報導，例如發現天花疫苗——英國醫生詹納（Edward Jenner）非正式地觀察到，感染無害牛痘病毒的人能免受較危險的天花病毒侵害，並假設這是出於牛痘病毒抗體的交叉反應。[1]

但將軼事視為「證據」,不管在過去還是現在都常導致可怕的科學謬誤(想想大多數「另類」醫學,雖然提出大量「成功」的治療軼事,但在嚴格條件下測試療效時幾乎總是失敗)。

換句話說:如果只依靠少量數據和個人觀察,成敗難料。回憶可能不可靠;一廂情願的想法會損害公正的報告和認真的分析,外加這些想法還缺乏能讓我們認識到現象本來面目(而不只是表面上看起來的樣子)的可控條件。

因此,當代首度回顧迴光返照歷史案例時,最初只引來科學界和醫學界有限的好奇、興趣、謹慎觀望甚至是徹頭徹尾的懷疑,也就不足為奇了。不管是特別針對失智症,或是整體而言的心理、認知和神經元功能之間的關係,根據我們目前的瞭解,迴光返照現象極不可能發生。失智症被認為是毫無轉圜餘地的疾病,起因是大腦組織永久且不可回復的損害,進而導致心智和認知功能無法逆轉的瓦解。尚無證據顯示造成失智症的神經元病因可以逆轉。然而,

迴光返照現象發生時可見的自發性緩解，表明這一點可能發生。這種逆轉需要大量細胞以某種方式自發性地重新成型——所謂的「某種方式」，是指患者大腦功能網絡中的細胞有組織地重新生長，使其能重新獲得完整的記憶和認知功能。考慮到患者將在幾小時或幾天內死亡，這種再生機制幾乎沒有任何功能和演化意義。

人們因此質疑：支持迴光返照者的主張雖然並不尋常，卻沒有非凡的證據支持。在回顧歷史個案的第一批論文發表在眾多醫學期刊上之前，這類的懷疑論是可以理解的。

科學界抱持懷疑態度的另一個原因是，迴光返照現象涉及宗教和靈性的直觀與希冀。正如愛德華茲之所以論及 D 夫人的命運，旨在提供唯物主義化約論有力（似乎也令人信服）的論據；二元論者則將迴光返照解釋為從不健全的身體——尤其是大腦——束縛中「解放靈魂」。

這種狀況持續了一段時間。當時最早的歷史個案回顧跟一些較晚近的概述著作已經出版，不過嚴肅的研究工作卻是由逐漸增加的醫護從業人員（在臨終關懷機構、安寧療護機構或失智症療養院工作的人們）共同推動的。幾篇有關迴光返照的文章刊登在科學和醫學部落格與網路新聞上，文章下方的讀者評論證實了這一假定的「歷史」現象並不是過時的醫療現場觀察紀錄：

為什麼文章中說這樣的事情只在前幾個世紀裡才觀察得到？我父親罹患晚期失智症的兄弟，在去世前幾個小時，就在眾目睽睽之下猛然清醒。我們全都無語了。他清澈的目光望向我們，呼喚我們的名字，向我們告別，並在當晚去世。

我們當護士都知道這種事。我們總是說「最終的光

芒已經開始閃耀」。我們病房在上週正好就出現這樣的病例。所謂的「歷史」現象其實就在眼前上演。

類似留言也出現在各種失智症或其他重大神經系統疾病患者家屬的自助團體網站上。然而，儘管其中一些證詞令人感動且可信，但它們的證據價值並未凌駕先前迴光返照的個案歷史回顧評論中所引用的史料。不過，隨著當代迴光返照的報導逐漸增加，積沙成塔，這種現象慢慢開始受到科學界更多關注。

相逢

例如，2014 年 11 月《科學美國人》雜誌廣受歡迎且讀者眾多的專欄「貝林論心智」（Bering in Mind）就特別針對這一現象進行討論。美國心理學家貝林（Jesse Bering）在該篇短文中描述目前人們對迴光返照的瞭解，並討論了迴光返照的全面意涵，包括心智與大腦之間的關係。可能是因為

幾年前在自己的家庭中目睹類似的事件,所以貝林對迴光返照的接受度特別高:

> 我是個堅定的激進理性主義者,可說是新達爾文主義唯物主義者的接班人。也就是說,多年來我不得不將自身異常的個人經歷「摒除在外」(quarantine,我找不到更好的詞),這些經歷硬生生違反了我自身對該現象的邏輯理解。〔…〕我母親於2000年初去世,臨終告別時發生了一些研究人員可能認為是超自然的現象。當時,我確實覺得這是件不得了的事——這麼多年過去了,談起這件事我仍然很激動。在與卵巢癌長期抗爭後,我母親在五十四歲那年去世。她離世的前一晚,我留宿在她的臥室裡。
>
> 事實上,早在幾天前安寧療養院的護士向我們證實她陷入昏迷不會再醒來的那一刻,我就徹底

崩潰，為失去她而感到悲痛。所以此時等待著她的肉體像一部機器一樣失去作用，並不比之前失去「她」更令人難受。但這一切發生得太快，我想當時我還年輕，拒絕接受她的死亡猝然降臨，我並沒有真正抽出時間告訴她，我是多麼感激她能做我的母親，以及我對她的愛。我在凌晨三點左右醒來，發現她向我伸出手，她似乎很清醒，只是過於虛弱而無法說話，但她的眼神傳達了一切。我們交握雙手大約五分鐘的時間：我抽泣著親吻她的臉頰，告訴她我之前想過但未及言說的一切。很快地，她又閉上了眼睛，這次是永遠不再睜開了。

她在隔天離世。事發當時我並不認為這是種「超自然」經驗。時至今日我也不確定這樣的說法是否適當。當時我也沒有為這段經歷命名。事實上，這類事件當時根本無以名之。現在我知道這是

「迴光返照」。〔…〕我仍持懷疑態度。我仍毫無頭緒母親是如何在所有認知功能看來都已喪失的情況下,與我進行了五分鐘的完美交流。是她不朽的靈魂嗎?她垂死大腦最後一場風暴般的活動?老實說,我很高興這件事發生了。[2]

我對迴光返照的興趣源自於類似的經驗。當我還在維也納大學就讀時,也就是在迴光返照相關主題的第一篇文章發表的幾年前,發生了一件事:我的外婆患有很可能是心血管性失智的疾病。在她生命的最後一年,她幾乎失去說話的能力,無法主動開口攀談甚至恰當地回答簡單的問題。然而有一天,我母親來電讓我馬上致電給人在瑞士日內瓦的外婆:「我剛跟你外婆有過一場愉快的談話。我不知道發生了什麼事——但你應該打電話給她。」

我致電外婆,她接起電話——聽起來疲倦又溫柔,但

非常清醒,就像她健康狀況惡化之前一樣親切,充滿關心和溫情。她問候我。我們交談。我感念當年我們這群孫輩與外公、外婆在日內瓦共度的美好時光,他們夫婦為了逃避納粹統治期間的戰爭和集體瘋狂離開了德國。外婆的回應是感懷我(和我的兄弟)與她共享的美好經歷:「你為我們的生活帶來如此多的歡樂。」她的聲音輕似耳語。不,外婆,是您為我們帶來如此多的歡樂和溫暖。謝謝您。我們談及共有的美好回憶。我有很多理由要感謝她。

接著時間拉回到當下。她知道為什麼會有護士來照顧自己。她也提到過去幾個月感到非常疲倦,幾乎不記得這段時間發生了什麼事。我們的談話持續了大約十分鐘;她自始至終都很清醒,沒有表現出一絲困惑或健忘。總之,在我們的談話中,我又有機會接觸到童年和青少年時期記憶中溫柔、溫情、溫暖的外婆。我再度遇見她原本的自我;她本人。這整個經歷非常精彩卻又令人心碎,因為當時我

（事實上，我現在相信是我和外婆兩人都）意識到，僅能透過電話共度時光的這份禮物不只是短暫的，也是最後的聚首。那確實是我們最後一次談話。

聽到召喚

碰巧的是，就在這起事件發生前幾週，我在維也納醫學院旁聽了奧地利精神病學家和神經學家法蘭可（Viktor E. Frankl）的最後一場大學講座。九十多歲的法蘭可以其大屠殺證詞《活出意義來》（*Man's Search for Meaning*）而聞名，並撰寫了幾部關於精神病學和心理人類學的開創性著作。在這些著作中，他發展並主張研究人類人格應強調科學依據與非化約論的解釋[3]。正是在這種背景下，法蘭可闡述了作為人道醫療實踐指南與方針的「精神病學信條」：無條件地相信每個人的智性或稱「內在」人格，不受各類疾病影響，具有無可摧毀的本質與尊嚴。法蘭可以此區分人一方面是

心理與生理的有機體,另一方面是有意識的個別自我,後者為每個人的內在核心:

> 心理與生理的疾病可能會損傷並影響人的靈性或智性面向,但無法將其摧毀。疾病能摧毀與顛覆的只是人體這個心理與生理的有機體。〔…〕因此,有機體的覆滅代表著接觸內在面向受到阻礙,僅此而已。這該是我們的精神病學的信條:對人的無條件信仰,對「看不見」但堅不可摧的智性人格的「盲目」信仰。如果沒有這個信念,我寧願不做醫生。[4]

我和外婆進行最後一次交談時,並不知道發生了什麼事以及如何發生。這場美妙的最終談話像是一份意外的禮物,我心存感激。但也許我並不像日後所採訪和通信的其他目擊者那樣毫無準備。我耳聞法蘭可的觀點:在疾病和

損害之外和背後有個無可摧毀的內在人格；而前文提到與埃克爾斯的通話就發生在幾個月前。

法蘭可（像埃克爾斯一樣）明確談到了一個信條，一個不適合以實證方式進一步調查或驗證的假設。我還知道，納粹倖存者法蘭可在大屠殺結束、從他待的最後一個集中營（達豪集中營）解放出來不到四年後，特意提出了這一堅定的信念，即人類具有不可摧毀的個人尊嚴，以此對抗希特勒和國家社會主義者犯下的所謂「安樂死」的浩劫。認知能力嚴重受損、甚至昏迷的人仍然是個人，法蘭可的這項信條不管在過去還是現在都確實與法西斯主義鮮明對立。根據這種觀點，人格的構成並不仰賴人的功能性。畢竟，我們無法決定、歸因或否認某人的人格，我們能做的只有遇見、承認、尊重和實踐。每個人，特別是那些可能暫時或永久體弱無法照顧自己的人，都在召喚我們獻出自己，面對疾病和虛弱背後的內在人格，我們應該永遠相信其存

在和尊嚴。

在試圖理解我與外婆的最後對話時，我還想起瑞士裔美國精神科醫生、精神病學先驅庫伯勒—羅斯（Elisabeth Kübler-Ross）的一場演講。她和醫療團隊觀察到，在許多情況下，神智混亂的患者（主要是癌症病患）在臨終前不久，會出現體力回復和思緒清晰的現象[5]。這種現象本身就很有趣，儘管相較於神經和認知嚴重損傷的患者自發性地病情緩解並恢復心智，這種現象可能不那麼神祕。庫伯勒—羅斯還提到，她偶爾會觀察到重度失智症患者在死前神智恢復清醒，但僅言盡於此。據我所知，她並沒有進一步探究手邊收集的零星迴光返照案例。

至於我，在學術生涯早期曾有一段時間思索這樣一種可能性：患有神經系統疾病和認知障礙的患者，在臨終時刻可能會發生一些值得注意的事情。就在我與外婆的最終談話發生之前數週到數個月的這段時間，我知悉法蘭可的

精神病學信條,聽聞埃克爾斯認定意識自我具有超驗本質的有力訴求,並記起庫伯勒—羅斯的觀察所得。這幾點無疑都因為這場談話增添了面貌,因為我現在有了明顯支持這些論點的第一手經驗。我親身見證神經功能嚴重受損的外婆仍然保有自我和人格,並且在她去世前不久以某種方式「重新出現」。無論如何,發生了一些事情,使原本的自我克服了身體遭遇的重重病痛再次浮現。這似乎回過頭來證實了法蘭可和埃克爾斯的觀點,即自我並不純然僅是身體疾病、敗壞與衰退的受害者。

然而,儘管那時我見證了非凡的事件,也遇到有助我理解經歷的理論概念,我卻並未進一步探究。與外婆的最後談話仍是我會三不五時回想的費解經歷——每當想起常心懷感激,有時也會感到困惑,但僅此而已。

在那之後過了大概十年如前所述,2009 年,首批關於迴光返照的同儕審查文章發表在《神經與精神疾病》(*Nervous*

and Mental Disease)、《安寧療護和支持治療》(*Palliative & Supportive Care*)、《瀕死研究》(*Near-Death Studies*)等期刊上,我突然意識到,我先前的經驗其實涉及一個更大規模的現象。

因此,當我讀到這些關於迴光返照的首批報告時,除了出於明顯的學術好奇心——我在維也納大學教授認知科學理論——回憶起個人的遭遇也讓我駐足思考。是時候面對我十年前的所見所聞,尋求更佳的理解了。除了上述的個人動機,從臨床和哲學的角度來看,迴光返照事實上是項不能冷眼相待的重大議題,其潛在的蘊涵非常重要。我想針對這項議題尋求更多瞭解,但可惜沒有太多可用的素材。相關主題的研究發表不僅少見,正如我所提過的,這些研究處理的大多數是一兩個世紀前發生的案例,幾乎沒有任何當代病例報告。儘管根據麥克勞德(Macleod;2009)[6]的前瞻性研究(當時這是迴光返照現象僅有的前瞻性研究),可以推斷大約 6% 的垂死病患(也包括中樞神經系統未受損害的患者)

在臨終前不久，會出現一段時間長度不等的迴光返照現象。這種現象顯然只發生在一小部分患者身上，但並不罕見。儘管如此，根據麥克勞德的數據，仍無法估計在預先確定的失智症患者或其他「無法治癒」的神經系統疾病患者群體中，發生迴光返照現象的頻率。

頭三篇迴光返照相關文章發表時，恰逢 2009 年維也納夏季學期結束。我總是利用學期末的時間討論鮮為人知的發現、新的研究方法，以及任何在實務上可能不會或尚未納入課程的研究教材，因為這時一方面學期課程已經大致講授完畢，另一方面學生們又正為了準備期末考試和論文焦頭爛額。我利用維也納大學認知科學課程的最後一堂下午的課程介紹迴光返照現象，並傳授我當時在這項議題上的認識。

我談的並不多；但足以理解在這種情況下會發生一些非比尋常的事情。我的學生們知道迴光返照確實是種非凡

現象，在理論和臨床上都相當程度地具有潛在意義。正如我所希望的，這堂課引發熱烈的辯論，課程結束後我們還在附近的咖啡館繼續討論。

當天傍晚，一群學生自願協助我進一步研究當代迴光返照的案例。這樣的努力與冒險一開始是出於科學上的興趣，隨後也加入哲學的討論。當時我並不清楚前途所在。

見證的時刻即將到來,極為平靜且完整:
希望似乎即將實現。

——亨利・德・呂巴克(Henri de Lubac)

第二部

迴光返照
Terminal Lucidity

第五章
迴光返照的
前導研究與後續

Approaching Terminal Lucidity: The Pilot Study and Its Aftermath

迴光返照現象

　　試圖理解罕為人知的現象時，首要之務便是盡可能系統性地掌握現象本身。我們沒辦法根據既有材料做到這點。納姆和格雷森收集的歷史病例報告，以及我在維也納醫學院圖書館的早期著作中發現的其他報告，表述方式各異：

不只報告長度和品質不同,記錄的內容跟方式更是迥異。

因此,要在既有報告的基礎上得出可靠的描述實際上是不可能的,更別說是定義了。事實上,這些報告唯一的共同點就是許多患者,包括長年患有嚴重認知障礙者,可能會突然恢復認知功能。除此之外,我找不到相似的報告——這似乎不是出於個案之間的巨大差異,而是因為撰寫報告者在病患身上關注的是迴光返照的不同面向。

這項不足之處為研究指出明確的前景:即開發一種簡單的方法,以供系統性地描述和比較之用,讓我們能進一步研究迴光返照發生前、中、後的實際情況,而不僅是收集最近的案例並盡可能納入各式各樣的個案報告。換句話說,我們需要針對當代個案制訂一份問卷,詳列具體特徵和參數,以便收集足夠數量的案例進行比較。為此我著手設計問卷,納入部分歷史報告中缺少的調查項目,例如患者的人口統計數據、醫療診斷、經歷迴光返照現象前和發

生當下的日常認知和精神狀態、迴光返照持續的時間長度，以及迴光返照經歷與患者最終死亡之間的時間差。此外，為了避免記憶扭曲，我們只會收集和分析答卷前十二個月內的目擊者報告。

為了測試（網路）問卷的可信度，以及嘗試找到任何可能的新案例，我們的前導研究將首批問卷發送到德語國家（德國、奧地利、瑞士和列支敦士登）的臨終安養院、安寧療護機構和療養院。接著，便是毫無頭緒地焦急等待，因為我們並不知道能否有所期待；那時我們無法篤定會收到任何迴光返照的個案回報，即便有，也不確定數量，以及是否有足夠的資訊讓我們至少能得出迴光返照現象的大致面貌。

問卷發送後，答卷一份又一份緩慢而穩定地湧來。我們在發送問卷後隔天就收到第一份報告回覆。接下來幾週內收回二十九份問卷，更多的回覆接踵而至。納姆和同事在橫跨長達二百五十年的文獻中發現了大約八十個病例；

相形之下,我們收到的個案數量超出預期。

我原本認定我們研究處理的是罕見事件,因此這麼短的時間內收到的報告數量既出乎意料又令人鼓舞。此外,我們針對收集到的首批個案所做的分析,也回應了納姆和格雷森的早期發現:迴光返照並不限於特定類型的神經系統疾病。我們收到的病例報告中,固然有一半以上涉及失智症患者,但我們也收到腦腫瘤、腦外傷、中風後認知障礙以及(沒有特別指出罹病原因的)重度認知障礙患者的病例報告。那時候我很想知道其他研究者是否也得到類似的成果(2009年發表的三篇文章以及後續的相關研究工作,是否也引發其他研究者注意到迴光返照現象?)。我詢問同事與其他專事研究死亡和臨終心理學的研究人員,但令人驚訝的是,儘管迴光返照現象當時已引起科學界的少量關注,卻看不出其他系統性收集和分析更多相關案例的嘗試。許多人或是曾經聽聞、或是親眼目睹,或者寄給我他們的個案報告;但沒有人嘗

試積極追查更多這類事件。又或者有人正在嘗試,但沒有引起公眾和研究社群的注意。

國際瀕死研究協會(IANDS)

我們的非正式認知科學工作小組當時在維也納弗洛里亞尼霍夫咖啡館舉行了一次例行會議,有位同事最終建議我在國際瀕死研究協會(International Association for Near-Death Studies, IANDS)年會上發表我的前導研究成果。國際瀕死研究協會總部位於美國北卡羅萊納州達勒姆,是支持瀕死經驗身心靈和社會面向研究最古老的國際組織,也關注死亡和臨終心理學等較一般性的研究。國際瀕死研究協會如今較少參與科學研究,更多時候是充當死亡相關以及不尋常事件的中心(從嚴謹的瀕死研究到薩滿鼓樂,以及任何介於兩者之間的非科學觀點)。如果想在邊緣化的死亡研究議題上找到志同道合的研究者,我的同事建議這個中心是最有可能的地

方;我也許能在這裡找到已收集部分病例、但仍缺乏有足夠材料發表成果的人。因此 2014 年,我申請在在加州紐波特海灘舉行的年度國際瀕死研究協會大會上發表前導研究成果。然而,由於我癌末的家人病危,我不得不在會議前幾天取消出席。多虧非常友善溫和的羅伯特·梅斯(Robert Mays),身為國際瀕死研究協會會議的承辦人,羅伯特大膽提議在僅有少量筆記(我習於即席演講)和 PowerPoint 簡報可供參考的情況下,向聽眾展示研究發現。現在回想起來,我很感激羅伯特讓我拋下最初的疑慮,相信我們的發現足夠重要且意義重大,即便我無法親臨現場也值得發表。

而這次不尋常的安排也產生了一些意想不到的後果。當我委託羅伯特代為發表時,並不知道在我們維也納團隊進行研究的同時,他也獨立發展出詳盡的人類靈魂二元論[1],因此在他(出色地)發表我的報告時,在哲學面向上並未引發過多質疑,這點超出我原本的預期。就羅伯特而

言，我們的數據清楚證實了他的信念：「某種東西」——靈魂——不僅不受神經系統疾病所限，也將在所有神經系統活動終結——腦死——的情況下長存。

如果是我自己上台演講，我不會做出上述的推論。雖然我原本也沒有預期羅伯特的演講會全然與我一致。

後續的發展是來自不同網路媒體和部落格的部分與會記者，它們接受了我們維也納前導研究的結果。大眾媒體和部落格圈普遍傾向對這些報導大肆渲染，此一趨勢讓相關報導比我預料的更聳人聽聞（有一類報導強調「死後生命的證明」；另有人寫到「有可能治癒阿茲海默症」。不消說，這既不是我想要表達的，羅伯特也未曾在演講中提到這些）。其實，正如我提過的，本次演講的最初目的是引發對該現象本身的關注，並向其他研究人員表明我們期待合作，以及我們有意結合其他研究工作的成果。因此，我對研究成果的詮釋有所保留，不管是涉及人格的本質，或者此類情況下唯物主義的

解釋是否有所不足,特別是我們的前導研究案例數量有限,因而在臨床或哲學方面做出任何強力的主張或推測都為之過早。

有鑑於國際瀕死研究協會關注瀕死經驗[2],我很想瞭解瀕死經驗研究者如何看待迴光返照和瀕死體驗之間可能存在的相似之處。更具體來說,是瀕死經驗報告中不時提及的病患認知能力改善。我對這一點特別好奇,因為我剛發表一項瀕死經驗研究,研究對象說事情發生時,他們感到思緒極度清晰——有時甚至超出平時清醒時的狀態——我將在下一章繼續討論這項發現。這只是瀕死經驗和迴光返照之間的巧合?又或者這指出了一種心智死亡時的常見現象?尚有待觀察。

第六章
「我們需要談談」：孤獨的目擊者

"We Need to Talk": The Loneliness of Witnessing the Unexpected

揭開面紗

然而，我無法也未曾預見的是：這些文章在網路上發布後，過了幾天，關於我對迴光返照感興趣的消息傳播開來，我收到數十封信件和電子郵件，當中包含親眼目睹親戚、朋友或病人經歷迴光返照的證詞。我曾期待並希望能

蒐集更多的報告,但收到的數量超出預期。在某種程度上,當時的情況類似於穆迪(Raymond Moody)1975年出版《死後的世界》(*Life After Life*)[1]前,他在這本知名著作中創造了「瀕死體驗」這個術語。我們現在知道,遭逢危及生命的重大醫療危機、歷經搶救倖存下來的人當中,有8%到18%的比例經歷瀕死體驗[2]。此外,自1970年代初期開始,隨著急診醫學的進步,急救復甦的成功案例數量顯著增加,回頭又導致經歷瀕死體驗的人數增加(雖然正如進一步的研究表明,瀕死體驗的報告已存在數個世紀)。[3]

當穆迪首度嘗試以更有系統的方式呈現該現象時,他自陳曾懷疑是否能找到更多案例。因為相關報告相對罕見,該現象甚至無以名之。但是短短兩年後,穆迪指出,自《死後的世界》出版後,他收集到的案例之多,讓他窮於分析和評估。為什麼會發生這樣的情況?事情很簡單:正如我們已討論過的,那些非凡而深刻、往往讓生活產生翻天覆

地變化的事件,可能會讓經歷過的人產生懷疑——懷疑自己,也懷疑經驗本身,甚至懷疑他們對經歷的記憶——因為他們找不到合適的語言來表達。創造出「瀕死體驗」一詞後,就有了必要的詞彙來傳達這類深刻的事件,一切水到渠成。有過這樣經歷的人終於可以放聲:「這就是我所經歷的。我並不孤單。我的經歷有個說法。」

國際瀕死研究協會的媒體報導也引發了類似的反應。當首波報導問世時(文章使用「迴光返照」一詞),彷彿打開了一道閘門。目擊者報告不僅來自病患的家人或朋友,也包括臨終安養院、臨終關懷中心或認知障礙療養院的醫療專業人員與員工。我在幾天內(並且一直持續)收到數十封類似以下的信件:

> 我和同事想感謝你們——我們將這種現象稱為「最後的喝采」(the last hooray)或「第二縷風」(the

second wind）。我本人曾多次觀察到該現象。病人「回歸」後死去。最初我是在護理學校親眼目睹，讓我異常困惑，直到一位護理師學姊告訴我，護理師的日常工作就是會遇到這些特別的事情，但在正規的護理訓練中不會學到這些。她絕對是對的！

我拜讀了您談論迴光返照的演講文章和研究論文。在五年的護理工作生涯中，我多次目睹迴光返照現象。我只能和一位同事公開談論這些經歷。我很高興也很感激科學界終於注意到此一現象。

護理和照顧修道院的修女前輩，是我多年來身為修女的職責：禱告、看護、隨侍左右。我第一次目睹到這種情況，是在我們尊貴的榮休修道院長去世之時。她患有晚期失智症許多年，但在她臨終前的兩天，她又回到我們身邊。她回復「原本的」自我，煥發靈性和智性的光彩，閃耀正向的光芒。

那是我第一次遇到與你的調查工作相關之事。然而,我們的神父並未能就此事提供協助,修道院的醫生也毫不隱瞞他的觀點——認為我們「復活的院長」報告只不過是則偽善的故事。他說,這樣的事情不可能發生,即使失智症患者偶爾會做出看似有意義的行為——但自發性的痊癒是全然不可能的。然而,我們的院長嬤嬤認出我們全體八位姊妹,記得我們的名字,以及她開示我們靈性教育的許多細節。短短幾年後,修道院年紀最年長的修女身上也發生了非常類似的狀況,我們甚至沒有嘗試與醫生談論此事,因為無論如何他都不會相信我們。我希望這種情況會因您和同事的研究而改變。

這是真的嗎?

我還從收到的信件中發現歷史個案報告中罕見的面

向,即目擊迴光返照現象的家庭成員的反應。

面對這類經歷眾人深受感動並心懷感激。原因不難理解:從診斷出阿茲海默症等失智症到患者死亡,平均歷時十年左右。在這十年中,親人們痛苦地目睹病患的心智能力不斷受到侵蝕,快速損害了所愛的人——一家之主、母親或祖母、丈夫、好朋友、叔叔或阿姨——的人格和個性。耗時數年緩慢地離開,卻帶來更沉重的痛苦。最後,到了某個時間點,人們會意識到單靠一己之力幾乎不可能居家照護親人——病患將被送往療養院,或者在最嚴重的情況下,被送往臨終關懷醫院。

然後,有一天,它們會接到意想不到的來電:護理師或親戚打電話來,說病人又恢復正常,狀態出奇地好,既重拾記憶也能辨識周圍環境,病人訴說著自己的感激之情,又或者交代待辦事項,與人重修舊好,為離世做好準備。人們不知道該怎麼看待這樣的情況,但護理師或親戚電話

中的焦急之情有助於克服任何疑慮:一件非比尋常的事情發生了;人們不會想錯過這件事,所以趕往療養院探望。然後,人們在一個他們已經放棄、不再期盼與之再次「正常對話」的病人身上,見證了迴光返照——但他們不明白這是怎麼回事。缺乏心理準備,你要怎麼理解一件甚至可能沒聽過的事情?回到家後,只感到迷惘、感動、疑惑。

人們沒有預料到會發生這樣的事情,於是開始搜尋相關資訊,也許是在網路上,但幾乎什麼也找不到。

也許有人會找上安寧療護醫院員工或安寧病房護理師的討論區。這是最有可能討論該主題之處,原因很簡單,這群人最有可能長時間與垂死失智症患者相處,因此是迴光返照的最佳見證人。但此類平台上通常只找得到奇怪的個人記事和有相同經歷者的回覆,除此之外,則缺乏對自身經驗更深入的驗證。這常常會造成一種內心衝突:一方面,在即將去世的配偶、親戚或朋友身上,人們剛剛目睹

並分享了私密而感人至深的經歷。也許人們意識到這種經驗將對一個人的生死觀和人格產生深遠的影響（許多人這樣告訴我們），這份記憶將長伴左右。但另一方面，甚至沒有一個字或定義可以說明剛剛目睹的一切。那麼它是真的嗎？這是真的嗎？一位記者寫道：

> 父親的「回歸」是我人生中唯一一次近似醫學奇蹟的見證經驗。然而，當我開始尋找可以討論這問題的對象時，我很快就意識到沒有比遇見奇蹟更孤獨的事了。跟我談過的人都表示前所未聞，很少人一聽我提起就願意相信。其他人則從未經歷過類似的事，但立即提出某些深奧或超自然的解釋，讓我更加困惑，甚至倍感孤單。我所尋找的並非解釋，只是想與那些願意傾聽並認同這類經歷的人交談。但這個願望沒有實現。

當我的男友罹患（因愛滋病引發的）失智症時，我們的朋友一直留在他身邊，直到他的行為讓眾人難以忍受，造訪的次數最終逐漸減少。這是一段非常孤獨的時光。藥物不再發揮作用。他一天比一天迷糊，接著他雙眼失明了。昔日的戲劇演員風采已經蕩然無存，他曾是老師——或者更確切地說：所有人眼中的明日之星；他在舞台上扮演大鼻子情聖（Cyrano de Bergerac）的表現十分出色；他心胸開放地面對任何非傳統和古怪的事物，接納對日常生活感到絕望的人。他變成往日自身的影子。你無法透過他聯想起往昔那個了不起的人。只剩下他那雙漂亮的手，在他與他的幻覺交談時揮舞著。他接納所有人，現在卻成了棄兒。我們非常孤獨，事實上非常孤獨的人是我。畢竟他有他想像中的同伴。然而，在他生命的最後一天，臨終前不久，他望著我的眼睛。我發誓他當時失明，但他不知何故找到並直視

著我。他握著我的手,感謝我陪他到最後。然後,他要我記下他的哪些朋友和兄弟姊妹應該收到哪些書,以及他演出的各種紀念品。他記得。當然,他很虛弱,說話很慢,而且口乾舌燥。但除此之外,他的精神煥發,而且一如既往地慷慨。我們花了一些時間推演他對葬禮的想法。情況非常自然卻又非同尋常——可能是他整趟艱辛的死亡之旅中最非同尋常的經歷。大約一兩個小時後,他的力量就消散了。他呼吸困難,開始打瞌睡。我悄悄地離開病房到醫院走廊。他的病床畔就像是神奇空間,離開後回到醫院冰冷殘酷的現實。

我在走廊上遇到病房醫生,並告訴他我的男友完全清醒能夠有意識地看著我的眼睛時,他簡潔地評論說(他的)血液指標已經惡化,我應該做好最壞的打算。傍晚我打電話給幾個朋友,幾乎所有人

都難以置信。我很幸運,但你知道得到一份無人相信的禮物是多麼孤獨嗎?第二天,我的男友因嚴重中風而去世。那是我最快樂,或者該說最痛苦的一段日子。我將臨終的重逢銘記於心。我只要談論或書寫這項經歷就會不斷哭泣。

確實少有言語可以描述這些人所目睹的一切。幾乎沒有任何文獻可供人們瞭解發生的事情,或者其他遇過類似情況的人是如何應對的。但我們人類需要故事和榜樣,來應對不尋常或戲劇性的經歷:我們需要社群。

我們面對的現象越複雜、越令人困惑、越關乎身而為人的存在性議題,我們就越強烈渴望社群,渴望得到驗證並尋求支持。即使無法找到對話的對象,至少也可以透過文本、敘事和故事神交。但在這方面的借鏡太少了;事實上,本書是第一本廣泛討論迴光返照主題的英文書籍(第

一本關於迴光返照的長篇論文是由納姆用德語撰寫的——《當黑暗結束時》〔*Wenn die Dunkelheit ein Ende findet*〕——強烈推薦給懂德語的讀者）。我希望會有更多的人跟進。

無論如何，從目擊者的觀點和心理需求的角度來看，另一種研究這類問題的取徑就出現了，一種更接近心理治療或神父的做法：我們也必須滿足那些見識過迴光返照的人，幫助他們解釋並應對這樣的經驗。這些見證者需要機會講述他們的經歷，並被認真對待，需要有人能認可他們的經歷與事發經過。

每個人都應該來聽聽他們的故事。也許迴光返照這項議題是個契機，讓我們重新學習相互支持，這就是所謂的社群（communities），能建立凝聚而撫慰人心的口頭或書面傳統：如此一來，我們能夠見證的不僅是迴光返照的經歷，還有我們面對這類經歷的方式。傾聽以及接納讓我們感到孤單不再，歸屬感油然而生，特別在我們還未完全理解自

身或他人的經歷之時。但我們確實需要一個論壇，一個遵循某些最基本人道觀念建立起的社群，像是欣賞、仁慈、同情和憐憫的共同語言。

這樣的背景下，在我發表論文後的頭幾個月，已有許多人聯繫我分享經驗可能就不足為奇了。然而，最讓我感動的是認真對待這類經驗、系統地調查此一現象所引發的感激之情，以及伴隨這類經歷而來的目擊者似乎都懷有的極度不確定感：

> 與 F 告別時，我們一家人經歷的事情一方面是美好的，一方面卻又讓我們深感困惑。例如，有人焦慮著在 F 神智不清、表現冷漠時，我們是否應該更多照顧他？他是否一直都很警醒，只是我們沒注意到？他是否想與我們溝通，而我們卻對此麻木不仁？還有，如果這些都不需考慮，那這段時間**他去哪兒了？**

我必須承認這一切讓我非常不安。這種不確定性有時會抵消與F一起度過最後那段清醒日子的快樂記憶。我知道我看到了什麼。我就是無法理解。

如何面對無從解釋的經歷？我們家的做法向來是保持沉默。我們感到困惑，所以我們每個人都以自己的方式努力抹去祖母神智轉醒時的記憶。從那以後，我們幾乎不再提起這件事。我的家人以理性自我標榜，根據科學標準評估一切。但這種經驗與我們的理性世界格格不入。在我們的理性世界裡，凡事都有架構，並且總是「清楚明確的」——除了祖母臨終前神智清醒這件事。我想我是家裡唯一一個試圖理解這一切的人，甚至求助於某些宗教或靈性方法。無論如何，發生在祖母和我之間的事情，在家族世界觀中佔據了獨特的位置。這可能是我們往往閉口不談的原因。

道別時刻

不管是對目擊者還是對我本人來說,這種不確定性在過去和現在都存在著。不時有人聯絡我,提到親戚正經歷迴光返照——由於媒體討論的大多數案例往往會在這類現象發生後數小時或數日內離世,那些與我聯繫的人想知道,家人出乎意料的神智轉醒是否表示死亡即將降臨?有位親戚數度問我,與病人間的清晰對話是否同時也是一種告別:

> 過去的十年間我母親患有失智症。一開始,病情惡化的速度非常緩慢,最後兩年卻很糟糕。此刻她神智清醒,振奮了每個人。這是一項奇蹟,但這一切意味著什麼?她將死去嗎?我們該為此做好準備嗎?

> 我在嘗試釐清何謂迴光返照時發現了您的文章。我祖父的妹妹幾個月來第一次能夠完全無礙地與外界

交流。現在我們擔心她很快就會去世。您能告訴我該怎麼做才能讓她留在我們身邊更長一段時間嗎？還是說當下她的死亡是不可避免的？

我母親罹患失智症已有六年，現在已處於末期階段。我已經很久很久沒和她說話了。昨天我去療養院探望她時，感覺就像媽媽又回到身邊。當她開始與我交談，甚至叫出我的名字時，我感到非常驚訝，有好幾年的時間她都不這麼做了。她認出許久未見的家人，並與他們交談。讀完迴光返照相關文章後，我想讓你知道我母親的例子。當然，我會想知道她是否很快就會去世，因為根據文章內容，這種情況發生在失智症患者臨死前。

想像你在收件匣中發現這樣一封電子郵件。你不知道這是誰寫給你的；你不瞭解對方，無論是他們的背景還是

年齡，你都一無所知。但他們問你：他們的母親、祖父是否會去世？而你會盡力安撫這些非常信任你的人，試圖據實以告、提供幫助，儘管他們私下甚至不認識你。所以你該說些什麼？該怎麼回信？當然，我既不能也不願意預設各個患者的病情發展，即便到現在也是如此。研究工作的好處是我可以收集更大量案例，藉以更進一步理解迴光返照。在我的資料庫中，儘管罕見、但確實存在一些似乎**矛盾的**案例：也就是病患神智恢復清醒的經歷在各方面都類似於迴光返照——除了不像臨終病患在經歷迴光返照後，短時間內病情惡化並死亡。這樣的案件也同樣令人感動並困惑。

其中一名個案在神智轉醒整整兩週後死亡。下面的報告是由病患的臨終關懷牧師伍頓—格林（Ron Wooten-Green）所撰寫，多年來，他一直照顧著這位名叫莉茲（Liz）的八十八歲婦女和她九十歲的丈夫。

八十八歲的莉茲正遭受阿茲海默症無聲的折磨。她已經很久無法與現實交軌了。她能進行的交談通常沒有多大意義。她忠實的九十歲丈夫路德（Luther）每日三回步行兩個街區來到療養院，從他們位於鎮上家中的花園裡帶來鮮花。

我探訪莉茲和路德將近一年之久。我知道會看到什麼情況。無論他是否在那兒，莉茲都會躺在床上，當我走進她的房間，她會朝窗戶瞥一眼，說：「外面正在進行的球賽很精彩，」窗外是一小塊草地，草地中間有棵山楂樹，不會有足夠的空間打球。然而，莉茲似乎很喜歡看「他們」比賽。

如果路德在她身邊，她會問他：「你家事做完了嗎？乳牛們怎麼樣了？你擠牛奶了嗎？這會兒別忘了餵豬。把雞蛋給我拿來；我會把它們裝起來。」雖然他們在城外仍擁有農場，但路德已經停止耕種

第六章　「我們需要談談」：孤獨的目擊者

近三十年了。他將農場出租。他們四十年前就放棄養豬。莉茲已經有將近五十年不曾用燭光檢查雞蛋了。但這就是阿茲海默症病患的情況：越久遠的事情記得越清楚。

門是敞開的，但當我伸手敲門時，入目的場景並不尋常。莉茲正坐在輪椅上。這麼長時間以來，我從沒見過她下床。路德靠坐在舒適的軟墊椅邊緣。他低著頭，兩人手牽著手。

一瞬間，我重新考慮是否應該打斷這對夫妻彼此陪伴的時光。但當我準備轉身離開時，路德抬起頭來，微笑著招呼我，熱情地說：「很高興見到你。」

就在那時，我注意到，愉快的問候掩蓋不住他臉頰上閃亮的淚珠。

「我真的不想打擾你們兩位。我可以改日再訪。」

「不，不。你沒有打擾我們。我們只是閒坐在這裡。」

「路德，在我看來，你現在所做的不僅僅是坐在這裡。我看見你的淚水。想告訴我到底發生了什麼事嗎？你當然不一定要告訴我，但如果能幫上忙，我保證會傾聽。」

莉茲穿著她最喜歡的運動衫，前面印著一對小貓，她抬頭看著我，臉上少了招牌笑容。「沒有人在打球。球賽結束了。」

莉茲似乎陷入我未曾見過的悲傷。

「球賽肯定已經結束了，」路德斷言。我因為他的話發笑，以為路德在和莉茲鬧著玩，但我很快就注意到他一臉肅容。

「球賽結束了?」我重提一次。

「我們保不住農場,」路德說道,他語帶痛苦反映出深深的絕望。

路德哭了,莉茲伸手與之交握。她把他往前拉,輕輕地將悲傷的丈夫擁進懷中。此時的路德正在抽泣,莉茲則輕聲落淚。我站在那裡,驚訝地看著眼前的一幕。

「為什麼會這樣?」莉茲問道。

路德抬頭看著結縭近七十年的妻子,解釋道:「為了在這裡照顧你。」

「為什麼不告訴我?」莉茲問。

路德驚訝而困惑地望向我,然後轉向莉茲說:「因為……因為……嗯,我想你怎樣也不會記得。」

但扶養一個六口之家,協調無數社區和教會活動並兼顧家庭和農場財務的人生經歷,讓莉茲充滿信心,這個多年來始終無法與周遭世界產生聯繫的女人,現在對她生命中的摯愛說:「我瞭解,但我需要知情。」

莉茲隔天就忘了這段交流——做丈夫的永遠不會忘記她神智轉醒的時刻,但阿茲海默症的破壞力轉眼又至。〔…〕莉茲在兩週後過世。〔…〕在眾人認為不可能發生的時候,莉茲重新與她周圍的世界以及陷入困境的丈夫建立聯繫。[4]

莉茲神智恢復清醒只持續非常短暫的時間,並在整整兩週後過世。人們偶爾會聽到這樣的故事,故事主角似乎矛盾地恢復清明。由於這種現象的相關研究甚至比迴光返照還要少,我們不知道該用何種單獨特定的指標來區分兩

者。換句話說,目前無法判斷失智症患者神智意外恢復清明,是否是其死亡的先兆。我們無從得知。

但我們確實知道一些更緊要的事情。當這情況發生時,除了關心病情接下來的發展,還有其他可能更重要的問題,那就是我們的身、心、靈是否臨在?我們伸出援手嗎?我們傾聽病人嗎?我們是否準備好並願意與那些「離開」數月或數年卻突然意外地「回歸」的人打交道?無論患者的預後如何,迴光返照對所有目擊者來說都是一份禮物,因此懷著感激之情和目擊者的自覺去接受這份禮物,似乎是面對該情況的適當方式,無論能持續多久。無論對方(或我們)將在幾個小時內、下週或四十年後死去,都該**擁抱**這次相遇中形成的連結。所以,當被問及家人或朋友意外地恢復神智清醒,是否意味著他們最後一段旅程即將展開?我唯一能提供的可靠建議是:把握時機,尊重並善用團聚的時刻。它可能、但不一定是最後的相聚。充分利

用這一刻去傾聽並祝福對方,展現你的寬容與諒解。已有人做到這一點。他們說並不需要瞭解發生的一切才能寬恕。迴光返照發生的當下可能沒有足夠的時間供人理解一切,這份需求可以稍後再嘗試滿足,但也要準備好接受有些事我們可能永遠無法理解。但眼下,當我們與家人或朋友共享這可能是最終的清醒時分時,理解的不足真的會阻礙我們投入這些聯繫心與心的交流和團聚的時刻嗎?還有,我們從病患身上分霑或收到的善意呢?我們明白他的仁慈之心嗎?我也許並不理解發生之事,但這並不妨礙我們分享感激之情,也不該妨礙我們寬恕,因為這可能是真正接觸病患並與之建立聯繫的最後機會。

因此,對於那些詢問迴光返照與病情關聯的人,我能夠給提供的唯一建議就是充分利用當前情況——病人的「回歸」與相聚將是美妙、甚至可能反覆發生的事,是彼此示愛的機會(部分患者不會在迴光返照後立即離世,並會在這段時

間內持續或間歇性地保持神智清醒）。如果這是最後的交談，那就視為以和平、愛和尊重來彼此道別的最後機會。換句話說，無論哪種情況，我提供的建議都是一致的。如果說我從工作中學到了一件事，那就是當機會出現時（而且這種機會經常出現），我們不會因為分享太多善意、連結、同情和相聚而犯錯。我們最常犯的錯誤是拒絕分享我們的善意和仁慈。

在這樣的時刻，重要的是我們之間的連結而非分離。側面觀察，這樣的連結與相聚的光芒，經常在看似非常不可能的地方閃耀。死亡和臨終讓我們面對人類存在的悲劇性面向——疾病、脆弱、體虛和受苦；但我們也在臨終遇見人性並重新產生連結。正如我們將看到的，迴光返照就是這樣的時刻。

回到來信者的問題：迄今為止，除了兩起特例，我蒐集的個案通常在迴光返照發生後幾天內確認死亡；我很高

興地報告,在大多數情況下,最終的相聚時光都是平和的「圓滿結局」,是和解且感激的告別:

> 我必須告訴你一個悲傷的消息:祖母昨晚安詳地過世了。所以這確實是她生命的終點。這真的既悲傷又美好。我們整個下午都和她待在一起,我姊姊帶來家庭相簿,眾人一起翻看昔日照片。惆悵與感激之情伴隨著笑聲,護理師不時來房間探看我們。有一次她進來時,祖母正盯著她的結婚照,說起她多麼期待與(已故的)祖父團聚。我們都熱淚盈眶。
>
> 護理師再次進來時,我們正對著我和姊姊童年的照片發笑。祖母感激與我們每個人度過的美好時光,之後就因疲累倚靠在床上入睡。此時護理師第三度探訪。這一切都發生在幾小時之內。祖母睡著後,我還在她身邊待了一會兒,試圖理解這個令

人震驚的下午。她看上去非常美麗平靜。訪視時間結束後幾小時，祖母在睡夢中離世。多麼美妙的告別啊！

本章中我提到的案例軼事，出自我們首度執行的調查研究；在我們之前發表的少數迴光返照研究也同樣證實了這一點。納姆和格雷森收集的病例也出現同樣的模式：大多數認知和語言能力非預期地自發性恢復功能的病患，會在神智清醒後幾天內死亡。

第七章

撒網

Casting Out the Nets

進一步的研究

首度接觸當代迴光返照事件的目擊者後[1]，我收集並系統地評估了其他的當代案例，媒體報導我們的研究後，我也收到了幾十份零散的回應。進一步要做的就是收集更多案例，並系統性地找出它們之間的結構性差異和相似之

處——目標仍是為了更深入理解迴光返照的現象。為此，我們再次徵求個案——這次的對象是世界各地隨機選擇的醫院、臨終關懷院和療養院，以及針對（a）失智症患者親友，（b）其他認知障礙神經系統疾病（諸如創傷性腦損傷等）患者親友，（c）慢性病和末期疾病患者親友，（d）臨終關懷工作人員和護士，以及（e）一般醫療保健專業人士在內的網路團體和論壇。

這次研究的目的不再只是查明這種現象是否真的發生過——現在越來越多的證據顯示它確實發生。眼前的問題是盡可能地瞭解這種現象本身。發生在誰身上？諸如性別或年齡等人口統計因素，與該現象之間是否存在顯著的統計關係？發生在何種病症的患者身上？迴光返照的時間持續多久？此外，患者的病情是否會影響發生率和盛行率的差異？發生前幾天或當天的某些特定情況，是否會起到特定作用？例如，我們想知道迴光返照是否在一天中的某個

特定時間最常發生——眾所周知，特別是對老年人而言，認知表現與晝夜節律極為相關，所以人體的生理節奏也許會產生影響？又或者，藥物會造成影響嗎？

迴光返照會在各種條件下發生，所以不太可能找出一個適用於所有人的引發機制。然而，正是因為這種現象尚未得到系統性的調查，所以謹慎的做法看來就是不放過每一個可以想到的線索，無論那有多麼牽強、不可能或是不可信。我們納入患者日常生活的任何變化，從食物飲料、天氣狀況、心理因素（例如某些人的來訪或在患者面前討論某些主題）以及其他潛在因素。

下一個有待解決的問題涉及迴光返照現象發生與病患死亡在時序上的關係。迄今為止收集到的所有數據都表明，迴光返照是與死亡相關的特殊現象，但很容易想像的是，在許多情況下，迴光返照與死亡之間的關聯是表面上的而非真實的。例如，與認知障礙患者意外恢復罹病前的神智

相比，經歷迴光返照然後死去的案例更令人難忘，從而導致一種記憶偏差和過度強調後者的報導。

所以我們要問的是：迴光返照是否確實與死亡有關，又或者，是否也有非臨終患者經歷過類似的戲劇性神智恢復？舉例來說，先前提到的莉茲案例，從各方面來看都難以界定——她在恢復清明一段特別短暫的時間後又活了兩週。神智恢復清明的時間點，不見得會對心智是否依賴大腦的哲學討論有太大影響。從臨床的角度來看，我們也不確定知曉迴光返照發生的原因，是否就能為治療帶來助益。[2]

正如「迴光返照」一詞所暗示的那樣，在我的資料庫中，大多數病患在神智恢復清明後幾分鐘到幾天內死亡。事實上，所有現有的研究——納姆及其同事的歷史分析、麥克勞德的前瞻性研究、芬威克的調查工作以及最近的一項韓國研究——似乎都同意這一點，儘管只針對非末期患

者的更大規模前瞻性研究,能讓我們全面釐清迴光返照的弔詭之處。

我感興趣的不只是迴光返照的主要特徵、可能的**觸發因素和發生的時間點**,還包括患者神智恢復清明後談話的內容。一個人可能多年來對大部分的外在刺激都沒有反應,表現得困惑而健忘,卻一夕「回歸」,此刻他會談論些什麼呢?如果一個人長達數月或數年都不認得自己的女兒、兒子、孫子或配偶,一旦他重新記起,他會想對他們說什麼?他會對照顧者說什麼?對於自身在認知障礙期間的經歷,他有什麼看法?常有軼事報導指出,眾多患者暗示(還有少數患者明確表示)他們經歷迴光返照後不久就會死去,這點是否屬實?

還有一個迄今尚未研究的問題,即目睹這樣的事件對患者的家人、朋友和照護者的心理影響。我收到過幾份報告和信件,哀嘆獨自面對這類經歷,但大多數家庭成員都

認為，罹病親人的「甦醒」是一份「禮物」。雖然大多數並不等同於全部。有些人只是無法理解或倍感震驚，更常見的反應是困惑。在這種背景下，我覺得瞭解家人和朋友如何應對親戚意外恢復神智非常重要。探討這個問題能對照顧失智症患者的親屬提供支持，故而也具有重要的臨床意義──順帶一提，這群照顧者常常迴避我們的關注、照顧和支持。

這些都是有待回答的問題。接下來我將根據問卷調查得到的數據，和我慣常收到的個案報告（「故事」），嘗試回答這些問題。

警語

以下內容仍然只能算是深度理解迴光返照現象的第一步。我不想給人一種偏頗的印象，所以有一分證據說一分話。資料蒐集多多益善。與我聯繫的人（其中大多數並非醫療

保健專業人員,而是病患親友)多半是毛遂自薦,這意味著他們自願分享經歷。因此,收集到的個案報告可能無法符合理想情況的研究要求,無法代表眾人。除了個案資料可以讓我們更進一步地理解迴光返照現象,前瞻性的研究設計也能為未來的迴光返照相關研究提供更多可靠的數據。

第八章
目擊者
Witnesses

迴光返照發生在誰身上？

我們感興趣的第一個問題是：發生迴光返照的人，身上有何特定標記或特徵？三項必須納入考量的簡單區分標準是：患者的性別、年齡，以及可能引發迴光返照的病情或造成患者原本認知障礙的可能原因。

考量患者的病情尤其重要，因為並非所有認知障礙疾病都沿著相同的模式發展。例如，路易氏體失智症（Lewy body dementia，LBD）患者的神智不時能恢復清明，特別是在疾病的早期階段。[1] 從這個角度來看，經歷迴光返照的早期 LBD 病患，在諸如恢復清明而警覺的意識、重拾記憶和語言技能時，臨床表現可能不如阿茲海默症晚期或額顳葉失智症患者那樣明顯。其他疾病或病症患者，諸如腦膿瘍或是腦膜炎、中風、腦腫瘤和腦損傷帶來的後遺症，病情減緩的程度有限，視情況而定難以一概論之。無論如何，**自發**而**立即性**的病情緩解是迴光返照的典型特徵，這點幾乎沒有在其他脈絡下討論過，上述疾病患者通常需要漫長的康復和訓練。即便如此，身體功能的恢復依舊進展緩慢且很少能完全康復，並且幾乎從來不可能是自發而立即的緩解。在我們的資料庫中，最常見的是沒有特異說明類型的失智症患者，其次是阿茲海默症造成的失智症患者，當中包括少數幾例早發性阿茲海默症病患。

資料庫中第二大的病患群體,包括血管性失智症和中風患者,其次是原發性或轉移性腦腫瘤、巴金森症造成的失智症、路易氏體失智症、創傷性腦損傷、亨丁頓舞蹈症造成的認知衰退／失智症和額顳葉失智症、愛滋病相關失智症以及腦膜炎。各式各樣種類廣泛的病症損害了這群患者的認知功能,在迴光返照發生之前,他們心智喪失的程度也各有不同:

我太太大部分時間不是在睡覺就是不省人事,我分辨不出兩者之間的差異。總之,她很少睜開眼睛。

他就睜眼看著——沒有特定的注視點。食物上桌時,他只是盯著麵包或蘋果,或是面前的水瓶。我們跟他說話得不到回應。

這位八十九歲的女士是一名晚期阿茲海默症患者，三不五時昏睡，清醒時也無法進行任何交流。呼喚她的名字不會得到回應。唯有像是清潔工打掃浴室發出的流水聲會稍稍引發她的反應，但這類反應即便有也很短暫，而且看不出與外界「聯繫」的跡象。

K喪失記憶多年。當我們告訴她某些事情時，她會用可愛的淡藍色眼睛對我們微笑——我永遠不會忘記她美麗的眼眸！這位身材嬌小的女士並未因為疾病失去她極其溫柔的面容和性格，她看來晶瑩剔透，溫柔的笑容具有穿透力的光芒。然而，可悲的是——她和藹而專注地聆聽，卻在幾秒鐘內就忘了我們說過什麼。她偶爾會做出適當的反應，尤其是談到遙遠的往事。不過隨著病情惡化，這樣的時刻越來越少，而她也陷入了永久的沉默。唯一剩下的只有笑容。她以溫柔的智慧預備我們面對她的死

亡,彼時我們誰也沒有設想到,她的光芒會以何種方式重新點燃。

多年來,D變得極其健忘和困惑。搬進療養院一年後,她常找不到自己的房間,而且總是忘記自己已不住在家裡。她一再嘗試打電話給已故的丈夫,把她兩個孩子弄糊塗了——她也根本認不得孫子們。

他已經無法掌控自己的日常生活,因此我們聘請護工,每天為他提供兩次協助。不然的話,他就只會坐在電視機前觀看最喜歡的連續劇。我偶爾會陪他坐著。他顯然不再真的知道自己在看什麼。他有時會對節目發表評論,這些評論證實他並未跟上電視內容。他的行為變得越來越古怪。他常常把錢包放錯地方,然後(總以一種非常缺乏系統的方式)翻找整個公寓。我們總在冰箱或烤箱裡發現明顯不該出現的

東西：他的手機、眼鏡等。不幸的是，他的記憶力也逐漸惡化。當我探視他時，運氣好的話，他能認出了我。運氣不好的話，我必須自我介紹，讓他知道我是誰。

她的記憶就像一個篩子，一兩天後就什麼都不剩。每日生活的常規如果被打亂，她就會感到不知所措。但是她可以遵循常規將生活處理得很好。不過如果發生意外的話就糟糕了：行銷電話可能會讓她徹底不安。哦，她喜歡購物。一向相當節儉的她現在是購物狂，我們不太清楚她是否只是忘記她曾買過，比如說一台電扇，或者一個不知道哪裡冒出來的念頭，讓她覺得需要再買一台。最後她買了至少八台電扇。儘管如此，她還能住在自己的公寓裡。

除了患有神經系統疾病的患者，迴光返照還發生在另

一組病患身上。嚴重的精神疾病，例如精神錯亂，構成一組單獨的群體。這組病患或許沒有治癒的可能，尤其是當病情惡化成慢性，但這類精神疾病患者在罹病期間神智恢復清醒的情況並不罕見。因為這類疾病的病理特徵就是病程的明顯變化，加上我們在這組患者身上並未觀察到較大型的大腦**結構性**改變，因此我們決定在本研究中不再進一步追查此類病例。儘管如此，涉及慢性精神病患者迴光返照的個別病例史偶爾會出現在文獻中，例如圖雷茨卡婭和羅曼能科（Turetskaia & Romanenko, 1975）在俄羅斯早期的報告中提到三名患者，他們在精神病院分別接受十一年、二十年和二十七年的照護。三名患者臨終前都曾「甦醒」，並在迴光返照這段期間內恢復清晰且連貫的認知能力。[2] 在我們收集到的病例中也有許多類似的實例，由於上述原因，本書後續章節不會提到這些實例。

此外，我們只會納入臨床上出現嚴重認知障礙的病

患。他種病情診斷的眾多個案報告，例如癌症（除了腦癌）、慢性阻塞性肺病、肝衰竭、多重器官衰竭、敗血症等，也不包含在以下章節中，就跟精神病患者的情況相似，認知功能時好時壞是這些疾病常見或至少是偶爾出現的特徵。

年齡與性別

考量到認知功能受損與年齡增長顯著相關，大部分個案年齡在六十五歲及以上也就不足為奇了。儘管如此，整體來看個案年齡分布很廣，從八歲到一百歲不等；年紀最小的患者（一名無法開刀治療的腦瘤患者〔III級星狀細胞瘤〕）是位只有八歲的女孩，年紀最大的（阿茲海默症）患者則有一百歲。約 20% 的患者年齡低於六十五歲。這種年齡層的分布也反映在性別比例上——大多數工業化國家的女性預期壽命高於男性，因此罹患失智症的風險也更高，而我們收集到的女性個案報告也略多於男性。

迴光返照的時間長度

下一個問題涉及迴光返照持續的時間長度。這方面的差異很大:大多數的個案持續十分鐘到幾個小時不等,只有大約十分之一的病例維持不到十分鐘或超過一整天。然而,一些受訪者表示,他們不確定確實的時間長度——有的是因為他們是在迴光返照發生後才來到患者身邊,有的則是出於過度投入(或困惑)以至於沒有注意到時間。

迴光返照期間的認知狀態

接下來的問題涉及患者在迴光返照期間的認知狀態。根據我們收集到的病例(以及早期的病例報告),我們很快就發現,並非所有經歷迴光返照的病患狀態都一致。有些患者是所謂的「全面回歸」;然而也有患者看似清醒,但目擊者無法確定其條理有多清楚:還有一種情況是患者似乎頭腦清醒,但溝通時前言不對後語。也有一小群的患者似

乎清醒卻不說話。我們據此將迴光返照大致分為四大類：

1. 清晰、有條理，「幾近正常」的口語溝通；

2. 清晰而清醒，但資訊提供者無法完全確定病患的口語溝通是否條理一致；

3. 清晰而清醒，但是口語溝通大體缺乏條理；

4. 清晰且貌似清醒，但採用非語言溝通（手勢、目光等）。

在我們收集的病例中，78%的患者在迴光返照期間「口語溝通清晰連貫、幾近正常」（第一類）。8%的人似乎「清晰而清醒，但口頭交流的連貫性存在一些不確定性」（第二類）。一小部分人（3%）似乎「頭腦清醒，但言語交流明顯條理不一致」（第三類）。11%的病患清晰且貌似清醒，但沒有進行言語交流（第四類）。令人驚訝的是，近80%的患者不僅整體狀況略有改善，記憶力和語言能力也完全恢

復——簡單來說，他們恢復原本的性格和能力。這些結果看來與先前討論的許多早期發現和報告相互呼應。

然而，值得注意的是，只有透過前瞻性研究，才能讓我們進一步確認迴光返照期間病患認知功能的清明和連貫程度。有幾點原因導致迴光返照相關報告過度強調戲劇性、全面性的認知和語言能力恢復，這讓相形之下較缺乏戲劇張力的事件被忽略。例如，清楚而明確的迴光返照現象目擊者，可能更渴望也更有動力分享有關資訊，但第二到第四類的迴光返照因不涉及病患心智能力的完全恢復，不符合當時普遍認定迴光返照的標誌性特徵，目擊者回報的意願相形之下就較低落。也有可能，此類目擊者不確定第二、三或四類事件是否完全符合我們所尋找的條件，因此沒有報告此類案件。有時，第二類至第四類的個案報告會附帶注釋，表明受訪者不確定他們的報告是否符合條件：「我不確定這是否是您正在尋找的」、「我希望您也能處理像

我們這樣的案例,即使它不完全符合您所提到的迴光返照。」另一方面,第一類個案的報告者通常呈現高度自信,認為他們的經歷就是我們要的。造成潛在偏差的原因顯然不只一個,在我們蒐集到的個案中,四個類別的比例可能不一定代表相對應的真實事件數量,這點仍有待更多研究、透過更好的控制條件下收集的病例報告才能證實。

如何解讀收集到的數據資料和其背後的不確定性,還有很多可供探討的空間。總之,正如我所說的,這些數字顯然與真實發生的事件全貌相去甚遠:

第一類

母親是我們家庭的重心。我溫暖又慈愛的母親隨著失智症的病程發展,變得越來越疏離、冷漠和心不在焉。目睹她的轉變讓人十分痛苦。她不再認得

我，我不得不向她自我介紹的那一天，讓我永誌難忘。這樣的苦痛簡直讓人難以置信。我母親人就在這兒，但這人已不再是她。然而，在她生命的最後一天，事情全然改觀。當我走進房間時，她看著我並喚我的名字。她認出我了。她散發著我懷念數月的母愛，這是從她認不出我的關鍵那日起就不曾展現過的。而現在她做到了，當我開始哭泣時，她說：「不，不，你不要這樣。過來！」我坐在她旁邊，她握住我的手，我們最後的這場對話極為精彩。我們談到了我的童年、我的女兒、我對新房子的計畫以及她的病情。我的母親回來了，我享受著每一刻，汲取母親的能量和善良。真是太棒了。〔…〕一小時後她說她累了。她看著我，毫不掩飾地傾瀉她的愛，一切都回到美好的正軌。該說的都說了，現在只剩母子之間的愛意迴盪。直覺告訴我這不會持續太久，但這樣的告別即使苦痛，我也能接受。

我的母親回來了，我已經準備好面對即將發生的一切。她慢慢地搖了搖頭，然後輕輕點了點頭。我也點點頭，接著她閉上眼睛。我離開房間，一關上門，我就淚流滿面，悲喜交加。我不知何故知道這將是我們最後的相聚。她於當晚去世。

下面的這個個案也符合第一類的條件——也就是說，病患的病情完全緩解。此外，根據該病患的病史，她在迴光返照期間不僅原本的性格甦醒，對生活的熱情活力也全面增強。近四分之一的迴光返照目擊者都表示病患活力倍增、興高采烈：

我的母親於月蝕的那個週一晚上去世。她在2011年確診阿茲海默症，並在療養院待了一年多。自她住進療養院以來，我至少每個週日都會去探視她，

眼見她的病情惡化,特別是上個月我知道她的時日無多。她沉默不語,沒有任何反應,早就認不出我們,也沒有眼神接觸;她甚至不再對一切說「不」。〔…〕

母親過世前的最後一個週日,我帶著兩個女兒一同前往,當我們出現時,她認出了我們,並高興地向我們打招呼。我們一邊聊天一邊幫她梳頭髮編辮子。我的女兒幫她的頭髮拍照片,她看著照片說「很漂亮」。然後她睡著了,我們在吻別後離開。

療養院工作人員說母親隔天狀況也很好,有說有笑。在她漫舞回房前,另一位住戶的女兒私下招待了她一塊蛋糕。她從廁所出來,正和大夥愉快聊天,然後就倒向身側,嚥下最後一口氣。他們一開始以為她暈倒了,給她搧風,後來才意識到她的呼吸停止,呼叫醫護人員。

急救持續了一個小時。當我的兒女抵達時，他們告訴我兒子，醫護人員檢測到了脈搏並嘗試繼續搶救。但他們沒能讓她起死回生，最終宣告死亡。

以下案例描述了類似的活力重現；這是病人的諮詢醫生寄給我的：

> 我是一名退休的安寧療護醫生，在我二十五年的執業生涯中親眼目睹或聽說過許多迴光返照的例子。最引人注目的是一名死於轉移性腦癌六十歲的婦女。她待在家中接受家人照顧，並得到家庭醫生和社區護理師的大力支持。她最終變得毫無反應和知覺。我們為她留置導尿管並皮下輸注嗎啡和咪達唑侖。
>
> 因為她的狀況平和，所以我的安排是讓家庭醫生監督日常護理，並向她的家人保證我每天早上都

會電話聯絡。頭兩個早晨,我被告知她很平靜沒有躁動,沒有睜眼也沒有表現出任何有意識的跡象。

第三天早上,我被告知她正坐在廚房裡喝香檳!女兒注意到我無言以對的震驚,說:「哦,醫生,你不知道,今天是我母親的生日,她坐起身和全家人一起慶祝。」稍後這位女士返回床榻入睡,又陷入了「無意識」狀態,並在二十四小時後去世。

有一個人——迄今為止我收集到的唯一案例——在她的父親和母親身上都見證了迴光返照現象,這對父母去世時間間隔大約一年:

我父親先過世。由於父親經常進出醫院,跟員工們變得非常親近。我父親(當時處於半昏迷狀態)告訴我,他不需要任何進一步醫療協助時,工作人員將他

轉到一間漂亮的私人病房。他不再與外界溝通，健康狀況也持續下降。我叔叔從紐約趕來看他最後一面。當我父親聽到他的聲音時，睜開了眼睛並試著坐起身來。我很震驚。他們討論起船，我父親為秋天的航程制定路線，這場談話持續約二十分鐘，然後我父親說他有點累了。我們離開去吃頓快餐。回來後，我坐在父親身邊，告訴他晚餐的事，以及叔叔見到他有多高興。他機敏的應對讓我很驚訝。我們握著手，我告訴他電視上正播放一部西部片。他說時候很晚了，明天再看電視。

他讓我去睡覺（我待在他的房中）。我躺在床上望向他和電視，他伸手抓我告訴我該休息了。我不記得細節但總之我睡著了，幾個小時後醒來⋯⋯他已經離世。他神智維持清醒大概四小時左右。

一年後，我母親的發言再也無法讓人理解（說

話前言不搭後語）。她因上呼吸道感染不得不住院。到院後兩天，醫院工作人員建議我讓她重新先簽署放棄急救同意書並做好準備。我打電話給家人（大部分在紐約），讓他們安排探視。他們在兩天後抵達。當我告訴母親家人即將到訪，她會微笑或握緊我的手，但仍舊閉著眼睛臥床不起。週日到了，她的家人正在趕來的路上。當我到達醫院時，她跟我說話，要我幫她進浴室染髮和洗頭！我驚呆了。我女兒幫她染髮，我們很快地滿足她所有的美容需求。我們把她送回床上，她要了口紅。她不需要氧氣桶。我女兒、幫我帶孩子的阿姨和我，三人以困惑的表情彼此示意。這怎麼可能？家人的探視持續大約兩小時。在這段期間她進食並和大家一起唱歌，交流彼此的故事。她問候對方的生活。他們都盯著我看，好像我瘋了一樣！我叔叔告訴幫忙的阿姨，她和我需要休假，他會雇用護士，因為我母親狀況

很好⋯⋯她確實是。我陪他們一起去搭電梯，我回來的時候，她又開始神智不清。她皺著眉頭，這通常意味著疼痛，所以護理師讓她服用藥物。我阿姨打電話詢問母親的狀況，我如實轉告。她很困惑。在我們交談時，母親睜開了眼睛，捏著我的手說：「我可憐的寶貝。」就這樣走了。我很震驚！到底發生了什麼事？我們都對那天發生的事感到不解。當我打電話告訴我舅舅時，他非常難過。

我告訴你這兩個故事，是想讓你知道你的研究主題是真實存在的現象。我兩度經歷時，醫院員工都提到這現象很常見，他們稱之為「召喚」(rallying)。

部分目擊者也提到患者外貌的明顯變化：

我的父親（七十五歲）經歷迴光返照時，看上去像年

輕十到十五歲一般容光煥發，他的眼睛在之前幾年裡一直都呈現乳白色，這時再次變回水晶般透徹的藍色，當他望向我時閃爍著光芒——一如我記憶中幾年前的他。

我八十三歲的母親患有嚴重的阿茲海默症，於1月10日去世。她是大約五年前確診，從那時起一直到去世前五天，我母親的生活品質一直很差。一天中有二十個小時不是在睡覺就是打瞌睡，剩下時間就是進食，日常生活的各個方面都需要幫助。

1月5日，她「抱怨」胸部疼痛，我們帶她去醫院，得知她患有輕度心臟病。我們到達醫院後，她說疼痛不再，在急診室時，我們很高興地發現母親的認知功能、語言和如廁技能都恢復了。接下來在醫院的三天半時間裡，她恢復如初。她取悅了醫

院裡的每個人。單位的護理師說,如果我們不說她患有阿茲海默症,她只會被認定是位患有心臟病的老太太。她也恢復精力,並在病發隔日接受職能治療時表現出色。

她提出問題也明白一切。她對家人表達關心,擁抱並親吻我們。她批評醫院的裝潢。她跟我攜手在醫院內散步,並鼓勵我讓她多走路。她致電親友,他們對我母親的「回歸」感到欣喜若狂。她閱讀並評論《紐約時報》上的文章。

她展現幽默感與我們說笑。她於1月9日出院,回到家後走進她已五年未曾涉足的房間。她環顧四周,笑著說:「房子看起來仍舊不錯。」當我問她過去幾年的情況時,她回答:「我不記得了。」1月9日晚間,她二度輕微心臟病發作,並於隔夜在家中去世。她身體不適,但神智完全清醒直到離世。

死亡並不孤獨

如果受訪者表示不確定患者的發言是否首尾一致（第二類），或者他們非常確定患者的溝通全然缺乏條理（第三類），情況又如何呢？這些類別值得更仔細的審查，因為它們偶爾會讓我們面臨一些無法迴避的問題：在如此罕見的情況下，該如何詮釋和分類病患神智的連貫性和清晰度？整體而言，這一類的報告顯示，患者的狀態一般來說不能歸類為通常認定的臨終認知表現不連貫——即臨終譫妄或幻覺；這點當然並非毋庸置疑。受訪者自己也常有所質疑。

大多數的第二類案例（也就是目擊者不確定病人的話語是否連貫或是話語的連貫程度），病人談論或是交談的對象是不在現場並且往往是已過世的人：

我父親在療養院住了半年。他患有嚴重的失智症，

說話破碎不成句,也不認得我們。

然而,在他去世的那天,他清楚地知道我是誰。他看著我,開始說話了!他說他知道自己在這裡待不了多久。我不確定他的意思,也不知道他是否「痊癒」並想搬回他的公寓。但他搖了搖頭。「昨晚,大衛來了,說要帶我回家。」大衛是他四周前去世的哥哥。我們跟父親提過一次大衛過世的消息,但之後絕口不談,因為我們確信他聽不懂。當爸爸談到他摯愛的大衛時,我咬住嘴唇才不致當場哭出聲來。不過爸爸看起來很高興,非常開心!他真的很期待離開療養院。父親當晚就過世了。

我妹妹莫妮卡死於惡性腦腫瘤。病情進展得非常快,到了最後幾週,她幾乎失去了意識。當醫生告訴我們她的健康狀況惡化,已進入最後階段時,我

和妻子每天都去探視她。那一天，我們走進她的房間，為她帶來新鮮的花朵。莫妮卡睡著了（最後幾天她大部分時間都在睡覺），但突然間她從病床上坐起身來，看著我們，然後又盯著床腳大聲喊：「莉茲！」莉茲是她四年前因乳癌去世的摯友。莫妮卡看上去很平靜。她眼神中的悲傷、疲憊和痛苦都消失了，她試圖說些什麼但身體過於虛弱。不過她看起來十分地輕鬆、平靜，正常又健康。幾個小時後莫妮卡在夜裡離世。我仍然不知道該如何看待這次經歷。有時，我真的相信莉茲是來幫助莫妮卡完成最後的旅程。有時，我甚至懷疑她是不是出現幻覺。但當時，在與莉茲短暫的「相遇」後，她起了很大的變化。她那麼平靜又正常，就好像回到了我們身邊，同時又航向另一段旅程。我還是不知道該如何看待。我的妹妹在確診後經歷諸多痛苦和恐懼，她能夠如此平靜地去世，我單純地心懷感激。

我父親長年患有失智症。病情的進展一開始非常緩慢，但到了最後一年，他的身體健康嚴重受損。我幾乎每隔兩三天就去看望他。在他離世的當天下午，他睜眼對我微笑，跟我打招呼問好。他開懷笑著說：「你媽來了。我們愛你！」我母親兩年前過世了。我懷疑父親產生幻覺。但他非常清醒，眼神清澈；他知道我的名字，語速很快、講話正常。我不知道該說什麼，他望著我微笑，好像在說：「沒關係。我愛你。」我和父親沉默了幾分鐘後他又陷入了昏迷。他在幾個小時後去世。

父親嚥下最後一口氣時，突然睜開眼睛，問道：「你看到了嗎？這美得令人屏息！哇！」不是我在鬼扯，我確信我們所見是他的靈魂離開破舊的肉身，終於自由了。

第八章　目擊者

我們該如何看待這些案例？臨終譫妄常見的幻覺或精神錯亂狀態通常是以混亂而可怕的形式出現，上述這類案例明顯地不同；事實上，我們的資料庫中並沒有類似臨終譫妄的案例。相反地，這類患者的語言能力和對他人的記憶都毫無疑問地恢復了——他們在迴光返照發生前都有很長的時間不復記憶——他們還經歷、看見或聽到周圍人沒知覺到的事情。雖然在正常情況下，這正是所謂的幻覺，但差異在於這些經驗的主要特徵是清醒而非困惑：患者很警醒，至少在某種程度上，他們往往能意識到自己的生命即將結束，他們有時會把握機會與身邊的人告別，與他們進行口頭交流。

因此，也許我們可以將這些案例描述為混合類型——一方面，病患的神智無疑地清醒了一段時間，而另一方面，他們的部分經歷與醫院或療養院房間內眾人所見的客觀現實並不一致。英國神經生理學家芬威克等其他研究人

員,他們近年來研究的臨終經歷(end-of-life experiences)就與這部分的經歷相符;芬威克的研究小組呈報的是未患有失智症或相關神經系統疾病的臨終患者「探視經歷」(visitation experiences)。[3]因此,我們偶爾在迴光返照患者中發現此類案例也許並不奇怪。

之所以難以決定是否應該將此類病例解釋為單純的幻覺和末期譫妄,主要是因為臨終譫妄中,往往不會出現絕大多數此類案例報告提及的平靜和正面情感。此外,我遇過的這類案例,病人描述的都是已故親人的幻象或宗教主題,而非完全無意義的幻視或是人像幻覺。因此,鑑於這類報告的特殊之處,明智的做法是暫且讓這些報告成立,但不要過早將它們全部視為幻覺或妄想。

「你沒聽到這美妙的音樂嗎?」

我們該如何處理這類案例呢?讓我用一個歷史的案例

來總結我們目前應該如何看待它們：俄羅斯作曲家拉赫曼尼諾夫（Sergei Rachmaninoff）在美國的最後一場音樂會巡演時，意外罹患重病。他不得不取消巡演，並被帶回比佛利山莊的家中。不久前，他還預言該處將是他在這世上最終居身之所。他說：「我將死在此處。」

1943 年 3 月 28 日晚上，臨終前的拉赫曼尼諾夫呼吸減緩，心情漸趨平靜，閉上了雙眼……但就在這時，他突然再次睜眼，臉上露出欣喜的神色。他聽到了音樂。他最終的音樂。他試圖說服周圍的人附近正在播放音樂。但沒有其他人聽到任何聲音。房間裡的其他人都堅稱並無音樂播放；拉赫曼尼諾夫臨終時的屋裡安靜無聲。拉赫曼尼諾夫最終屈服：「那麼音樂就在我的腦海裡了。」他躺回枕上並在不久後死去。[4]

幻覺？語無倫次？妄想？也許吧，但這有關係嗎？既然沒有人問拉赫曼尼諾夫聽到了什麼，我們便無從得知。

堅稱無聲、樂音並不存在,不是白白浪費機會嗎?與其堅持並無音樂播放,為什麼沒人問拉赫曼尼諾夫他聽到了什麼音樂?無論拉赫曼尼諾夫聽到了什麼,無論這首曲子來自何處,身為上個世紀最偉大的俄羅斯作曲家,這是拉赫曼尼諾夫生命中的最後樂音。因此,他周圍的人錯過了收聽一位偉大作曲家最後樂音的機會;誰又能說這樂音並不存在——哪怕**只有他本人聽到**呢?那麼,我們該如何解釋臨終者在清醒狀態下感知到其他人無法感知到的事物?我必須承認,在聽過幾則消息來源非常可靠的故事後,我不知道該如何回答這個問題。我不能否認,在我進行研究之初,**有段時期**我過早地認為這些都是「幻覺」。今日,我相信最誠實的答案是:我們不知道這些異象象徵或是意味著什麼;不知道這些病患實際上看到或聽到了什麼。

但如同前面所提到的,我們從其他研究小組的工作中得知,這類臨終現象並不罕見,我們不知道如何解釋,但

至少應該要知道如何回應、如何採取行動：透過嘗試持續溝通、傾聽、支持，透過接納人們告訴我們的故事，設身處地地對待他。這首先代表不要去假設**我們**對現實的看法是唯一有效的觀點，因為死亡的那一刻可能意味著很多事情——當我們確實尚未全盤知曉時，就不應聲稱知情一切。

與其致力於否定垂死之人臨終時分的主客觀現實，不如把握機會，與臨終者一同進入這在生命最後時刻展開的和平而寧靜的空間，反而是更有效益和誠實的做法。我在一位安寧醫院同事的身上學到了這一點。

她也觀察到，臨終病人偶爾會與「前來相見」的人交談或談到對方，但其他人看不到或聽不到這些人。「你看得到他們嗎？你能聽到他們跟我說話嗎？」病患問。這位臨終關懷護理師盡可能地誠實回答，認可臨終者的內心世界：「不，我現在看不到他們，也聽不到他們在說什麼。但這並不那麼重要。你想談談拜訪你的人以及他們告訴你

的事情嗎？」比起堅持說：「沒人在這裡，」然後置之不理，這位護理師的回答可能更確實。

還有，能夠相當程度確定患者的發言根本不連貫的目擊者佔相對少數。從報告來看，大多數這類患者似乎都出現明顯的幻覺——例如，有名患者相信她的房間裡一夜之間長出一棵大橡樹；另一位裸足臥床的病患堅信她穿著新靴子，猶豫著自己是否喜歡穿著它們，但既然她現在穿著靴子，就想著不妨去散散步。人們傾向將當中的部分交流以具有深刻象徵意義的方式解釋——有些受訪者，特別是臨終關懷人員，持有這樣的觀點：

當臨終者用象徵性語言說話時，這對親人或醫護人員來說可能是一個充滿挑戰的時刻。患者的發言可能會讓站在床邊的人感到恐懼、不耐煩和／或困惑。然而，重點是要記住，這些看似神祕的話

語中蘊藏著特定的意圖,是病人瀕臨死亡的意識(nearing death awareness,NDA)在向他人傳達的訊息。如果〔…〕從字面上理解臥床不起的末期病患所說的話,似乎像是神智日益惡化的胡言亂語。NDA症狀常常被歸因為其他臨床徵狀,例如譫妄、藥物副作用或精神疾病。〔…〕

NDA的口語表達行徑通常是以意圖強烈的主題來呈現,特別是採用隱喻的語言形式。不幸的是,很多時候招致的反應是忽視、爭論、嘲諷或提供藥物放鬆病人。〔…〕但如果檢視這類話語的象徵意義而非檯面上的字義,旁人就更能理解患者的具體願望和需求,以及死亡經歷的實際感受。[5]

這是否至少能適用「清晰而清醒,但口語溝通大體缺乏條理」這個分類中的部分案例? 再次強調,我們的瞭解

可能還不足以做出這樣的宣稱。我們充其量只能說：如果使用象徵語言描述異境（different reality）——或用不同的文字和圖像描述與旁人共處的實境——屬於「臨終常規」的範圍，那麼在迴光返照的脈絡下時不時遇到這類情況不應讓人感到意外。無論如何，目前被認為語無倫次的患者仍數少數（佔整體樣本數的3%），因此需要詳細分析更多此類病例，在這樣的基礎上，我們才可能得出更可靠的結論。

握住他們的手

最後一組分類，是報告中的受訪者對病患神智清醒這點印象深刻，但病患沒有進行口語溝通。當中的部分病患可能是由於生理狀況（例如中風導致的臉部麻痺或氧氣面罩的限制）無能進行語言溝通。然而許多個案報告都提到，受訪者很清楚自己與患者進行了**有意義的**非語言交流，儘管往往很難從現有的報告文字中判斷是眼神交流、緊握患者的手還

是撫摸手背。但不管哪一種情況都是迴光返照的顯現。

在我們能夠應用更好、更準確的標準來衡量與評估迴光返照及其可能的樣貌之前，納入這些案例並避免過度詮釋，似乎是種謹慎的做法。更重要的是，保持自制，直到我們有更多非語言溝通的迴光返照案例，可供我們進一步調查和分析。下面例子就是我收集到的缺乏語言溝通、但看似有互動的迴光返照個案：

> 我母親是肢體語言很豐富的人，當我們還是孩子時，她經常擁抱我們，牽著我們的手或與我們挽臂。她是善良和溫暖的化身。然而，隨著病情逐漸惡化，她變得越來越心不在焉，甚至顯得疏離，不再喜歡被觸摸。每當我習慣性地想握住她的手時，她都會把手拿開，並嘟囔著表示她感到不適——至少通常聽起來是這意思。隨著她在生命倒數幾個月

的時間內變得越來越沉默，我更加懷念這類人際互動。她不言不語，毫無反應，甚至不回應旁人呼喚她的名字。然而在她臨終前兩天，事情有了變化：我清楚記得自己坐在她的床邊時，她是如何突然握住我的手。那一刻我無法忍住淚水。她看著我，將另一隻手放在我的前臂上。我們保持著這樣的姿勢似乎直到永遠——她的撫摸令我沉醉。第二天我姊姊也有類似的經歷。媽媽拉著她的手，令她同樣動容，於是媽媽把手握得更緊了。我們用這種方式告別，儘管對其他人來說很難理解，但對我們來說卻是「典型」的交流且意義深遠。

最後的交談

如果病患確實進行了口頭交流，他們談話的內容為何？這是我們下一個要探討的問題。進一步分析這些報告

得出了我原本沒預料到的結果：許多報告顯示，患者意識到自己在迴光返照發生前一直處於認知障礙狀態，並且有為數頗多的患者似乎知道神智恢復清醒的時間不會持續太久。有些人甚至明確表示自己大限將至，利用剩餘時間向家人、朋友和照顧者告別。這些偶然的發現，再次與芬威克研究小組的研究結果相吻合，也顯示參與這項研究的患者中，有多人準確預料到自己的死期。

病患重複出現的談話主題共有五類：與家人的回憶、意識到即將到來的死亡、準備工作、最後的願望（「未竟之志」），以及偶爾有肉體的需求（例如飢餓或口渴）。在大多數情況下，迴光返照期間討論的主題不限一個：

> 在精彩談話中，她談到最後的願望也提到了家人。告訴我們不要互相爭執，要尊重她的意願。說起她的每個孩子和他們的未來。一切都非常清楚和急迫。

我母親說她感覺好多了（事實上她罹患嚴重的失智症好幾個月了，而且之前一個月都沒開口說話）。她想坐在敞開的窗戶旁邊（那是一個美好的夏日），她還討要巧克力！我去門廳的自動販賣機購買她最喜歡的巧克力。她極開心地享用。我想我從未見過有人像她那樣盛讚巧克力。

我和父親聊了一個多小時。我們回想起過去的時光，他的記憶非常清晰，還記得我早已忘記的幾個地名。然後，他談到遺囑中並未含括但他想分享給家人和朋友的事物。在那段時間裡，他一直保持高度的平靜和安詳，非常自制和清明。事後看來，我想在他心中他已向這個世界告別，只是想確保他的離去一切順利。最後他談到葬禮及其安排。這是一件很特別的事情，但他以一種如此平靜和輕鬆的方式談論，一肩挑起責任，以至於我在回家的路

上,坐在車裡時才意識到剛剛發生的事:我的父親以他自己的方式說再見。他安排的告別是那麼地出人意料和清楚,以致葬禮結束後我只感受到深深的悲痛。典範在夙昔,這個成熟、有愛心、富責任感的人現已永遠離開。我比起過往任何時候都更思念他,日復一日。這是他獨有的告別方式。

我的祖父患有晚期失智症。當護理人員告訴我們他的健康狀況惡化,並且他們無能為力時,我開始更頻繁地探望他。我經常坐在他的床邊讓他知道我就在那裡,並不確定他是否完全理解我。然而有一天——也就是他生命中的最後一天——他向我打招呼並詢問家人的情況,特別是他同樣患有晚期失智症的妹妹時,我感到非常震驚。當我告訴他我們在很多方面支持她、她很健忘但平靜又快樂時,他感到非常欣慰。他看起來非常平和放鬆。他感謝我並

說:「告訴她我愛她。我會等她。」不久之後他就睡著了。他在幾個小時後去世。

爺爺接著謹慎地按部就班安排一切。他要我把幾本昂貴的藝術書籍歸還給同事,幾個月前他向這位同事借了這些書,當時他身體已有狀況,但仍然喜歡翻看畫作。他說如果我們不想保留他的書,就要把書送給這位同事。然後,他問我們是否有什麼想告訴他的,或是我們是否有任何問題。我們真的很驚訝,不知道該說什麼。爺爺看起來很滿意,然後說他覺得一切都井井有條,真是太好了。之後他看起來非常輕鬆,甚至有點俏皮(病人於隔天早上離世)。

該患者因失智症正接受安寧療護。在過去四個月裡,他的認知能力嚴重下降,無法認出家人或朋友,出現偏執、幻覺、精神錯亂、社交退縮、拒絕

飲食、口齒不清、語無倫次、無法自己如廁或淋浴等症狀。他的談話持續約二十分鐘，也詢問他之前不認得或不記得的家人和朋友。他不記得前幾天的活動，但提到「過去幾週」（實際上已經快四個月了）意識一直處於混沌之中（mental fog）。他跟我（孫女）以及妻女說話。他要求我們傳話給家人，並談到有關對方的具體細節，例如最喜歡的一段回憶。兩週前，他在電話中無法認出這些人，也無法與他們交談。他說希望自己的死期速至。二十分鐘後，他感到疲倦並睡著了／不省人事。他沒有再甦醒或說話，不久後就去世了。

祖母臨終時，祖父就坐在她身旁。兩人結縭六十多年，如今這位慈愛的丈夫坐在她的病床邊，悲痛得渾身發抖。他也很困惑，因為當天她首度認出他；醫生告訴我們祖母大限將至讓他深感悲傷。淚水滑

落他們的臉頰，連不時悄悄進房檢查的護理師也難忍淚水。祖父無法控制地抽泣，他說：「我愛你。」祖母望向他，訴說美好：「好好照顧我們愛的花園。」我的祖父母擁有一座美麗的小花園，祖母向來盡其所能地精心照顧。祖父會在溫暖的夏季時分坐在花園為她讀報，或在她致力園藝時陪著聊天。因此這座花園對他們來說意義重大。她對祖父提出的精心建議，就是將他對她的愛意和悲傷轉移到花園中，這確實創造了奇蹟。我祖父真的就像他照料的花園一樣盛放。

正如這些報告所示，溝通內容多種多樣——當對話發生的情境並不如迴光返照這麼戲劇性時，我們也會預期記錄到多元化的談話主題。此外，大量的研究受訪者證實，患者的溝通方式反映出他們患病前的溝通方式。

我們因而得出結論：除了提及身體需求（例如飢餓或口渴）之外，有關迴光返照期間的對話主題，我們的發現與麥克勞德 2009 年的觀察再度相符，即「可以提供一個『安排後事』的機會，像是交待遺言與最後告別」[6]。提供迴光返照期間談話主題的受訪者，絕大多數都提到病患交待後事，通常也都將迴光返照視為一次「有益的經歷」。但並非所有調查受訪者皆抱此心態，我們稍後會看到這一點。

死期不遠

如上所述，仍有人存疑：病患神智意外地恢復清明，代表的是否是一種獨特的死亡相關現象（所以才會說是「迴光返照」）。或者該更確切地說，是專指認知功能發生短暫變動的顯著病例，只有在患者死後追溯歸因，才被認定與其死亡相關。

在我們收集的病例中，大約三分之一的患者經歷迴光

返照後兩小時內死亡。另有三分之一介於兩小時至一天內死亡；五分之一的人在兩到三天內死亡；只有不到 10% 的病患是在四到七天內死亡，大約 5% 的病例超過八天後死亡，或是根本並未在迴光返照發生後死去。因此，根據我們的樣本，迴光返照確實與死亡密切相關：超過 90% 的人在經歷後幾天或幾小時內死亡。

正如我已經指出的，迴光返照與死期將至緊密相關，這點研究發現仍有待謹慎詮釋。大多數案例報告來到我們手中時，我對迴光返照的研究興趣已廣為人知，部分受訪者很可能也都知道這點，其中一些人是從網路團體中招募來的，這些團體先前已討論過我們早期的報告。在理想情況下，會希望研究參與者不知道研究旨趣，以符合研究希冀的所謂「素樸樣本」（naive sample），也就是參與者只呈報他們的經歷或所見，而不是他們認為你可能想聽到的內容。

另一方面，要測驗這方面的影響，我們還可以將研究

結果與我們**前導**研究獲致的數據進行比較。雖然這只是一項粗略的測試，仍能肯定地看出兩者間並不存在顯著差異：非臨終前（即僅僅是弔詭地）神智恢復清明的發生案例，約佔前導研究招募受訪者樣本的 5%（即在媒體報導我們的研究之前），而在最近的案例中這一比例也是 5%。

此外，納姆和格雷森檢視歷史數據，也獲致大體相同的結果：在他們收集的四十九則病例中（當中有許多患有失智症），43% 在生命的最後一天經歷迴光返照；41% 發生在死亡前二至七天內；10% 發生在死前八至三十天內。林等人最近在韓國進行的一項研究顯示，50% 的患者在一週內死亡，50% 的患者在九天內死亡，儘管這些患者中很少有人診斷出神經退化問題，因此尚不清楚如何該如何將這份研究結果納入比較。因此，如果我們不能完全排除某種反應偏差，根據早期的比較數據表明，即便這種效應有任何影響，都不至於明顯地扭曲結果。

面對這類不確定性，我們需要的是更多數據和病例，現有數據所支持的是認知功能和溝通能力被診斷為不可能恢復的患者，在臨終前不可思議地恢復正常。

觸發因素和原因

迴光返照的一個顯著特徵是病患的經歷都非常相似，儘管實際上每個人的認知功能缺陷是由各式不同的神經系統疾病（即不同類型的失智、中風、腦腫瘤等）引起的。一如我們的研究和早期數據所表明，無論是何種疾病，似乎都不影響迴光返照發生時的特徵（諸如病人的認知功能、持續時間或死亡的時間）。這些結果似乎意謂著「原本的自我」在臨終前重新浮現，可能並不出於單一原因。既然病患神經疾病的病程發展各有不同，神經功能回復的生理過程也必會有顯著差異。顯然，有必要對可以促成、觸發或導致迴光返照的可能機制進行更多研究。我們首先希望受訪者推測的迴光

返照觸發因素,能夠為這個問題提供一些線索。

但只有少數案例描述包含此類資訊,當我特意詢問部分受訪者,是否可能是某些條件引發了迴光返照現象時,大多數人都說並沒有任何可能導致迴光返照的特殊情況或事件——除了病人垂死這個事實:「沒有。這讓人感到非常意外,一如他的死亡。」「沒有。沒有什麼不尋常的,但第二天她就死了。」「她快死了。」「沒有,除了我們知道死期將至。」「我不記得與此相關的任何具體事情。每個人都驚訝地看著這一切發生,並享受與她在一起的最後時刻。但醫生告訴我們她即將死去。」「我唯一能想到的只有她當時即將死去這點,否則沒有其他觸發因素。」「嗯,他死了。這算是觸發因素嗎?」

除此之外,部分受訪者提到朋友和家人的來訪是可能的觸發因素:「她的孩子來訪。他們不知道她患有晚期癌症。」「岳父的兄弟們從外地前來拜訪。」「也許是前來

探望的親戚們；她住院後所有家人都在一天內動員起來了。」「她當時正在醫院接受臨終關懷。有親戚來探望。頭兩天她毫無回應。」

然而，將家人探訪與迴光返照聯繫起來的報告有待謹慎解讀，因為它們可能錯置事情發展的順序。情況非常有可能不是在場的家人和朋友觸發了迴光返照，而是家人們自然而然更有可能注意到患者身上發生的明顯變化。換句話說，臨終床畔現象的觀察本身，在邏輯上就是以訪客的存在為前提；不過這並不意味著該現象是由訪客觸發的。此外，由於絕大多數報告中的病例發生在臨終前不久，家人和朋友的出現也可能只是因為已知患者的健康狀況每況愈下，他們希望隨侍在患者的病床邊，這再次扭轉了家人探訪與臨終清醒之間的假定關係。

很少有受訪者將藥物帶來的改變視為迴光返照發作的潛在或觸發因素：在兩個案例中，病患神智恢復清明被歸

因於停止藥物治療，好比化療：「剛在週一（兩天前）決定停止化療和服用失智症藥物」「醫生讓他停止服用失智症藥物。他的家人認為也許這就是他好多了的原因」；有兩位受訪者提到醫療照護環境的變化是潛在的**觸發**或促成因素：「從醫院搬到療養院」「從醫院轉移到臨終關懷之家」。

沒有受訪者提到任何其他潛在的**觸發因素**（天氣、時段、特殊的生活事件）。因此，唯一重複提到的生理因素是患者即將死亡，除此之外沒有任何其他外部觸發因素存在的明確跡象。

面對迴光返照

還有一個問題是：家人、親戚朋友在目睹迴光返照事件後有何反應？雖然這不是本書的中心主題，但我會在此簡要討論一下，因為受訪者想要的往往不僅僅是講述他們的經歷和所見；他們當中的大多數人也試圖理解這一現象，

掌握其中的含義,特別是嘗試接受親友最終告別前的意外回歸——這帶來令人難以置信的悲喜交加。畢竟,迴光返照融合了兩個單獨來看都足以稱為心理壓力源的事件:首先,「迷途」多時,甚至長達數年的人意外「回歸」;其次,這個人隨後——無論是幾小時、幾天,還是至多幾週後便辭世。

偶爾有人說,死亡對於失智症患者來說是種「解脫」。這些想法可能有助親人面對至愛離世;不管是要離開或是留下的人,都能據以積極面對。從我與護理人員的交談和通信中,我瞭解到,有些人甚至不願承認,當患者變得越來越困惑、不安、妄想或具攻擊性時,他們希望這一切都能以某種方式結束。大多數人也表示,即便只是希望患者這一生能自然地就此告終,也會讓他們感到內疚。但是,如果死亡過程中的某些未知因素在臨終前暫時將人從疾病豁免呢?這可能是一次令人深感不安和困惑的經驗。

當我們考慮到大多數人也將他們與親友的最後一次聚首,描述為美麗、深刻滿足、神聖、特殊和獨特時,這種經歷變得更加難解。「我笑中含淚地回想這件事,」目擊者告訴我們:「我渴望重溫它,但同時我又很高興一切都結束了。我該怎麼說?我就是既感激又困惑。」事實上,為數眾多的受訪者對於獲得意想不到的最後機會,能向心愛的親友告別感到非常感激:

我母親臨終前神智恢復清醒,這是一份美妙的禮物,讓我們更容易接受她的離世。在我們的談話中,我看到昔日慈愛的母親。經歷失智症帶來的諸多情感表達困難之後,我很高興能知道她正離開我們所在的現實,做回她自己。

與他們一起度過最後時刻真是太美好了──他們承

受的所有痛苦和磨難都消失了,即使只在那短暫的一刻。非常有助於緩解悲傷。

起初,我感到驚訝,除了醒悟(enlightening)的感受,還有機會訴說和聆聽一些重要的事情。非常感人且有益的經驗。

最後的這份交流為我們所有人帶來極致的平靜,並接受我們的生命現況。我非常珍惜那些時刻,當我想起我是最後一個與她互動的人、我的名字是她最後的話語,以及在她生病期間我們兩人的相處,我沒有遺憾。

這實在太精彩,太令人感動了!我非常高興和感激。這對我來說是一份禮物和祝福,因為我有話要對他說。

然而，有些人也提到對病患恢復神智感到震驚或困惑：

儘管他鎮日毫無反應，我還是跟他說話並告訴他我在他身邊。令我驚慌的是，他清醒並開始詢問家人的情況。

有一瞬間，我希望她能好起來，但她很快就惡化，於六天後過世。

所有人都被嚇到了。我們以為她的生命就要結束了。她坐起身，開始和大家說話，就像什麼事都沒發生過。她微笑著，像平常一樣交談。每個人都很困惑，但很高興能和她共度那段時光，雖然好景不長。

我不知所措。我不知道發生了什麼事。我知道我應該感到高興，我也確實如此。但我也很困惑。

在進一步與那些對自身迴光返照經歷抱持喜憂參半態度的受訪者通信後,我們發現一種有趣的心理現象。有些人說,他們找到了自己的方法來應對罹病親屬的疾病、日益惡化的病情,以及他們經常出現的奇怪行為和性格變化:他們在患病親屬還活著時就先說再見了,這能免於日復一日因親友的性格變化而感到失望、不安和痛苦。這能夠使人記住親友在失智症發作之前的狀態,讓人更容易區分病人原本的面貌與如今的狀態。若是已經告別的病人突然完全出乎意料地「回歸」,這種應對機制就崩潰了。崩潰的不僅是這個機制,有些人還擔心他們過早與病人說再見,因而感到內疚。

　　誰能幫助這些親屬理解他們的經驗?誰能讓他們安心,知道自己並不孤單——他們的反應並無異常之處,也無需羞恥,只是正常的人性?誰能告訴他們,接受生命與死亡一樣令人困惑並無可議之處,如果親人過世前遇到諸如迴光返照之類的意外事件,即便是提供協助的專業人士

也會感到非常困惑?簡而言之,需要有人在場幫助生者應對,理解並接受他們的經歷。

在絕境中看到希望

我們要做的不止於此:因為我們還需要幫助未曾目睹迴光返照的人——我相信,一旦迴光返照更廣為大眾所知,問題就會變得尖銳。在此,我們又看到與早期瀕死體驗研究相似的狀況。醫學界早年懷疑瀕死經驗是否真實,這項疑問日後逐漸過渡為:如何從醫學和心理學角度公正地對待呈報瀕死體驗者?但那些瀕臨死亡卻沒有這類經歷,或是不記得自己經歷過瀕死經驗的人呢?這顯然是個未被充分研究的課題,但人們偶爾會聽到這群人提到自己感到像是被背叛了,因為他們並未經歷過眾人談論的美好經歷。儘管他們面對的人類存在性議題與那些有過瀕死體驗的人並無二致,但很少有人會傾聽他們乏善可陳的報告。

不難想像類似的情況會如何以及為什麼發生在迴光返照這個主題上，特別是考慮到公眾的論述。當我們第一份迴光返照研究報告出現在大眾媒體上時，很大程度上伴隨著希望的曙光——可能是因為有些記者很快就認知到，當談到阿茲海默症、失智症或其他此類嚴重神經系統疾病時，常見的書寫方式是慘淡的衰退與毀敗，而迴光返照代表著一種非常正面的替代敘事。毫無疑問，這是對這現象的合理看法。

但我們不應該忘記或隱瞞事實：迴光返照終究是相對罕見的情況。迄今為止唯一可用的前瞻性研究（麥克勞德）顯示，迴光返照發生在大約 6% 的垂死者身上；但這項研究收集到的病患個案數有限（一百例），且無法與我們研究中預先選擇的認知障礙患者組進行直接比較。韓國的研究回顧性地觀察到迄今為止最小的發生率，在一山（Ilsan）的一家教學醫院：三百三十八名死亡病例中，有六例迴光返

照（1.8%），然而，這些患者中只有一人患有癡呆症。芬威克報告的數字要高得多——14%[7]。我在臨終關懷醫院和安寧療護機構進行的非正式訪談也提出了各種估計。部分醫務人員表示，他們「經常」觀察到迴光返照現象，而其他人似乎從未遇過這情況。因此，這些數字顯然是模糊的估計，只有額外的前瞻性研究才能幫助我們進一步釐清情況。

由於迴光返照可能在未有前兆的情況下發生，就提高了實際估計發生率的難度。有鑑於大多數迴光返照發生的時間相對較短，因此很可能常常無人在場記錄和報告。幾位受訪者也提出了這一點，他們表示，他們「差點錯過」患者神智恢復清醒的時刻，因為他們原本在探訪當天另有計畫，或者在某些情況下，由於交通或受到其他干擾，而差點未能在該訪視期間趕赴醫院。

無論如何，我相信，負責任的迴光返照報告都應該聲明這是一種罕見現象。遺憾的是，大多數患有失智症或其

他神經系統疾病的患者臨終時神智並未恢復清明。因此，讓家庭成員懷抱不當的希望，期盼他們生病的親屬能夠清醒，是不負責任和不道德的。我經常收到親友的電子郵件，他們希望——有時甚至期待迴光返照發生，但病人在沒有恢復清醒的情況下去世時，他們便會感到非常失望：

> 當父親的健康狀況每況愈下時，我力求盡可能多地陪伴在他身邊，迫切希望能有最後一次告別的機會。我非常非常希望臨終奇蹟發生，但遺憾的是，事與願違。當我讀到這類迴光返照的精彩故事時，我既感動又悲傷。這樣重大的事件並未臨到我，這讓我非常難過。

> 我去年閱讀到您的研究報導。我媽媽患有失智症，現在又感染肺炎。我是用 iPhone 寫下這段文字。

為了怕錯過她的迴光返照，我每時每刻都和她在一起。會有機會幫她度過難關嗎？我和她說話，希望她聽得到。到目前為止，她還沒任何神智清醒的跡象。

我們焦急地等待著他的回歸。我有很多話想告訴爸爸。向他保證我們會照顧媽媽。我與兄弟和解了。一切都很好，他不用擔心。我時刻與他在一起。但他卻毫無預警地死去了。他走了。我想知道為什麼。我常常想知道為什麼。我們非常需要這樣的親密時刻。

對於迴光返照研究者來說，這是一項道德難題：一方面，迴光返照提供了可能的研究契機，這種非凡的現象有潛力在醫學、心理學、哲學甚至靈性等諸多層面造成廣泛影響。所以身為研究者，你想談論這項議題，你想讓人們知道，有時候一些非常了不起的事情——而且非常美

好——可能會在臨終前發生。你希望告知大眾，尤其是醫護專業人士，這樣他們就知道在目睹這一切時如何應對；幫助困惑的患者家屬充分利用他們所獲得的這份禮物。然而，由於我們對這種現象本身、觸發因素或前兆知之甚少，因此在告知認知障礙患者的親友有關迴光返照的可能性時必須謹慎，也不能提出可能無法實現的不實希冀或期望。

同時，應告知親屬和探訪者，如果發生此類事件，其持續時間往往相對較短，並且**可能**與患者即將死亡有關。這是一種微妙的平衡，一方面，讓人們意識到迴光返照現象，這樣他們就不會錯過許多人所描述的美好經歷——最後的禮物；另一方面，卻是向那些可能永遠不會收到這份禮物的人灌輸不切實際的希望。就像許多死亡和臨終相關事宜一樣，至少在目前，迴光返照是無法事先預測的，因而也無法據此進行計畫。我們只能做好準備面對，而不要求或期待它發生。

總而言之：迴光返照並不限於不同類型的失智症，更普遍來說，似乎是一種跨越多種神經系統疾病的現象。迴光返照帶來的改變看來遠超出神經和認知障礙疾病患者認知和精神狀態的常規變化，並且發生在公認病情無法緩解的患者身上。最後，現有數據強力支持迴光返照是一種與死亡相關的現象，儘管由於可能的報告誤差而存在一些不確定性。關於這現象的實際發生率，仍存在著模糊性。

　但它確實發生了，在接下來的章節中，我們將探討迴光返照傳達哪些關於人類的資訊、它的意義以及死亡和臨終的議題。

第八章　目擊者

我認為,
我們的存在應該由兩項基本要素（物理和心理）組成,
或是只依賴其中一項要素,
兩個觀點的可能性都是相當的。

——謝林頓爵士（Sir Charles S. Sherrington）

第三部

死亡是種解脫

Mind at Death, Mind at Large

第九章
白烏鴉
White Crows

迴光返照傳遞的意義

當我試圖向其他人解釋我們的迴光返照研究時,我經常這樣說:「我們研究失智症患者是否會在瀕臨死亡時『醒來』,重拾罹病前原本的自我;如果發生的話,會在何時、為何以及如何『醒來』。這種情況發生的頻率並不高,但

值得進一步研究。我們的研究針對失智症和死亡，這一切都非常令人振奮，並不如你想像的那麼令人沮喪。」

當人們進一步提問時，我通常會補充說：「在這個領域可以找到很多安慰，儘管聽起來有些不可思議。研究主題意蘊無窮，而且大多在某種程度上令人深感安心，我們試圖瞭解我們的發現所傳遞的意義：關於人類本身、人格與大腦中發生的事情之間的關係。」我會用這種方式簡單易懂地描述我們的研究，解釋為什麼我在這個領域工作了這麼多年，以及為什麼我計畫留在這個領域。我相信，這確實涵蓋了我們目前正在做的大部分事情——收集迴光返照的案例和發生情境，並思考迴光返照的含義：傾聽我們的研究參與者和臨終者的聲音，並從中學習寶貴的經驗教訓。

一開始，我並不期待會有人聽完簡介後會進一步詢問這方面的研究。畢竟，儘管我保證我們的研究並不如人們所想像的那麼令人沮喪，但失智症和死亡，讓我這樣說吧！

都不是在晚宴或花園聚會上特別令人振奮或有趣的話題。但很多人——事實上，比我預想的還要多——提出進一步的問題，我常常驚訝於他們如此迅速抓住我簡短描述中的幽微之意。「你說的『**像是甦醒了**』是什麼意思？」有人會提出類似問題。「一個人要怎麼『**像是甦醒了**』？醒著就是醒著——這不是你可以假裝的，不是嗎？如果你成功地讓自己看來像是醒著，那麼顯然你早就醒了。」我更常被問到：「那麼，如果他們原本的自我如你所說的甦醒了，這是否意味著它必定一直存在，只是可能被他們的疾病所掩蓋？」討論就從這開始。有時會有人提出自己在親戚或朋友身上目睹迴光返照現象，其他人也加入討論，在你意識到之前，你發現自己陷入了一場深刻的哲學或宗教辯論之中，討論起大腦和心智、靈魂以及靈魂歷經迴光返照和死亡之後可能的未來等等。顯然，迴光返照一聽就很吸引人——相比我們慣常聽到的失智、衰退和死亡的的敘事，迴光返照的特別之處也許就在於提供了截然不同的故事。

將此與愛德華茲講述的 D 夫人的故事（見第二章）進行對比，以及他從中得出的關於失智症和其他神經系統疾病的表面上「不可避免」的悲觀信息：我們的心智只不過是我們腦中發生的事情。因此，疾病和失調，以及最終神經功能的解體，終將導致我們自己、我們的心智、我們的人格和我們的記憶腐蝕乃至徹底瓦解。

正如我們所看到的，至少在一開始，愛德華茲所言似乎很有說服力。但我們也該問，如果 D 夫人在臨終時「再度甦醒」，那麼這個論點是否仍具說服力——而且我們沒有絲毫理由相信，在遭受日益加重的阿茲海默症無情攻擊後，她的大腦狀況一夕之間突然回復原狀了。如前一章所示，這不再只是一個單純的假設性問題；相反地，這種現象已有無數人見證和紀錄，並將繼續下去。

我們可以由此得出何種結論呢？我們如何詮釋迴光返照？一個簡單——但過於簡單的答案，是採納愛德華茲的

論點,即藉由觀察失智症,我們在自我的本質和命運這方面可以獲致強有力的結論,並將其應用於我們現今所知的迴光返照上。根據愛德華茲(以及一般的唯物主義)的觀點,自我會隨著失智症病情加重而衰退和解體,這是足以反駁自我超越大腦功能的有力證據——你也可以說這是反對靈魂的證據。那麼,儘管有失智症或其他潛在的神經系統疾病,原本的自我仍自發性且出乎意外地回歸,又代表什麼呢?完整的人自發性地重新出現這一事實,是否表明(一如埃克爾斯和法蘭可超越神經生物學的個人和意識自我理論)這個「原本的自我」一開始就**沒有**被神經系統疾病全然摧毀?儘管因疾病而無法觸及,但它以某種方式得到了保存和庇護?

很明顯,迴光返照觸及許多議題——事實上,它引發的問題多過提供的答案。例如,我們研究小組會議上反覆討論的一個問題便是:如果迴光返照確實可能發生,為什麼它發生在死亡時刻而非更早之前,這樣它的用處會更大,

而且從演化的角度來說更為合適?為什麼這種情況不早點發生,這樣人類就能從失智症的自發性緩解中獲益更多呢?有鑑於迴光返照似乎主要與死亡有關,那麼人在死亡時或死亡前後究竟發生了什麼,導致這種意外且實際上極不可能發生的事件發生?

這些問題可以引發兩路思考。第一個是臨床方面的——如果神智恢復清醒是可行的,也許能夠在患者生命即將結束前模擬或激發一個未知過程,以某種方式「觸發」迴光返照現象的發生,而不會真的危及患者的生命。如果能發現迴光返照的生物標誌(biomarker),我們就可以嘗試用可控的方式喚起導致迴光返照的事件,促成病患弔詭地恢復清醒,而無須等至臨終。其次,也許從長遠來看,迴光返照可能會帶來治療失智症和其他嚴重神經系統疾病的新方法。這將影響數以千萬計的人——這個數字包括已經患病或是自知具有罹患某類失智症高遺傳風險的族群。在

我們的迴光返照白皮書中（這是國家老化研究所在貝塞斯達舉行的專家研討會成果），我們提出了這種可能性，這也是何以國家老化研究所隨後非常慷慨地資助數百萬美元支持迴光返照或是弔詭清醒的研究。[1]

但在貝塞斯達國家老化研究所專家研討會上，我們也討論了迴光返照的哲學含義。我的對話夥伴在我簡要描述迴光返照研究工作的主要要點時，提出了這樣的問題：「這是否意味著自我以某種方式得到保存，即使它似乎受到嚴重損害，甚至被摧毀，直到迴光返照確實發生？」

化圓為方

也許確實如此；但話又說回來，事情沒那麼簡單。無論我們如何相信或推測迴光返照的深層意義，我們都需要調和兩點非常矛盾的觀察所得。一方面，日常生活和大量研究告訴我們，我們的意識明顯地依賴大腦的運作。當我

們喝醉、發燒或發生其他生理功能衰退的現象時，我們的心智會因干擾而混沌，我們的自我意識可能會改變或下降，甚至可能完全失去意識。顯然，證明心智依賴身體（特別是神經系統）功能和完整性的眾多發現，都不會僅僅因為我們遇到一個例外現象而失去其有效性。畢竟，就是這層依賴性，使得失智症和其他腦部疾病具有如此嚴重的破壞性，同時也使迴光返照如此引人注目。僅僅因為迴光返照似乎另有暗示而忽略或放棄這種依賴性，即使是在瀕臨死亡的情況下，都無益於正確理解失智症和迴光返照。

因此，我們面臨的挑戰是調和關於自我、人格與大腦功能之間的關係：調和兩種截然不同、相互矛盾的觀察，並找到一個能夠容納這兩種觀點的總體模型。我們的心智在日常生活中絕大多數的時間都依賴著大腦，但臨終時顯然違反了這樣的關係。

但要從何處著手呢？我們的研究小組可以借鑑的科學

或理論工作並不多。很少有人嘗試進一步研究和理解迴光返照，更不用說它的含義了。即便在開始關注迴光返照現象的早期著作中，我們也沒有發現太多這類嘗試。例如，維多利亞時代的醫生主要從診斷角度看待迴光返照現象，並指出該現象通常是患者很快就會衰弱和死亡的明確信號：

> 譫妄停止後，病患的神智會暫時變得清醒，感官也敏銳起來，但隨後可能會返回譫妄的狀態、陷入昏迷，或是體力迅速地全面下降，快步邁向死亡。但伴隨著精神力量的暫時恢復清明，還有身體衰竭的常見跡象——五官收縮、體表冰冷、出冷汗、脈搏微弱快速，恰恰證明了前者的虛幻。[2]

很少有人像哈皮奇和維特內本（Happich and Wittneben）這麼深入地探討這個現象。他們親眼目睹並撰寫前面提到的

凱瑟案件（見第三章）。在 1930 年代初期，德國的「安樂死運動」蓬勃發展時，他們便引用這個案例提出反對意見：

> 對我來說，精神錯亂最為嚴重的傻子在最深層次上並不遜於常人。我經歷過各種幾乎可以稱得上令人震驚的事件，其中一些是和我們機構的主任醫師維特內本博士一起經歷的。這些經歷告訴我，即使是最悲慘的弱智者也擁有隱而未顯的內在生命，它和我自己的內心生活一樣有價值。只是受損的表面阻礙他向外界展示。往往在死亡前的最後幾個小時，所有病理的障礙都會消失，並展現出如此美麗的內心生活，以至於我們只能站在它面前，感到入骨的震撼。對於目睹此類事件的人來說，合法控制安樂死的整個議題已不復存在。[3]

然而直到最近,人們尚未致力於深入研究迴光返照現象,更不用說理解和詮釋了。迴光返照是罕見的事件,它讓我們不得不思考關於大腦與心智的關係,正如剛才所討論的,它與許多(如果不是大多數)公認的知識相矛盾。我必須這樣說:迴光返照是一種異常且嚴重違反直覺的現象,而理解(遑論解釋)這種異常且嚴重違反直覺的現象,並不是一件容易的事。不僅如此,我們所討論的現象還挑戰了這個領域的研究人員,要求他們跳出原本認定「確知」而實際上只是「推測」或「相信」的知識,即所謂「心智就是大腦所為。如果大腦什麼都不做,就沒有心智、沒有意識、沒有自我可言。拍板定案」。這就是我們在大學裡學到的,也是迴光返照現象看來引發疑慮之處。

當我與一位同事討論其中一些問題時,他乾巴巴地打趣道:「你這是在追逐白烏鴉。祝你好運!」「白烏鴉」這詞來自心理學最有成就的先驅、美國小說家亨利‧詹姆

斯（Henry James）的哥哥威廉・詹姆斯（William James）。在他漫長而成功的職涯中，不僅在哈佛大學建立了第一個心理學系，在實驗室從事了關於知覺（perception）的開創性研究，還撰寫了美國第一本心理學教科書（長達兩卷，近一千四百頁的巨著——業內常稱該書為「詹姆斯」，或暱稱為「詹米」）。

鮮為人知的是，除此之外，詹姆斯還研究了「心靈」（psychic）現象，例如心靈感應、千里眼、臨終靈視等等——這似乎不太可能是新興學科創始人關注的主題。詹姆斯經常遭受同事的嚴厲批評，但這不妨礙他堅持不懈的探索。幾年下來，他的著迷不再出於純粹的好奇心。事實上，據信是他個人目睹眾多此類不尋常的現象，以至於無法屈從於同事們要他轉而從事更嚴肅可靠的研究的請求。

威廉・詹姆斯在 1896 年心理研究學會主席演講中論及自身對上述現象的立場。他和迴光返照的研究者沒什麼不同，發現自己偶爾會目睹就自身科學訓練而言非常不尋常

的事情,這讓他有充分的理由懷疑所見。但詹姆斯沒有就此止步,對(他稱之為)「正統信仰」和這類經歷之間的矛盾置之不理,而是更進一步思考他在這場主席演講中提到的:該相信自身所處時代的科學現狀,還是個人的實驗和觀察?面對這項抉擇,他得出的結論是:後者太過沈重了。在詹姆斯看來,這不僅是針對他個人,事實上,對每個認真且公開處理手邊證據的人來說皆是如此,無論它會導致什麼結果,甚至特別是當它與事實相矛盾(或看起來矛盾)時:

> 論及真理的相關議題時,如果僅限於反覆推定,缺乏決定性、鐵錚錚的事實來掃除令人困惑的黑暗,是件悲哀的事情。可以肯定地說,針對我們的研究紀錄不斷論及其削弱推定的價值時,我一直刻意採取所謂的「嚴格科學」懷疑論者觀點,並提出個人偏好作為藉口。我自己的觀點有所不同。對我來

說，事實就在眼前，正統信仰不僅其假設被削弱，其信仰的真理本身也被徹底推翻。如果你讓我使用專業的邏輯術語，一個普遍命題可能會因一個特定的實例而不復成立。

如果你想推翻「所有烏鴉都是黑色」的法則，你要做的不是試圖證明所有烏鴉都是黑色的；你只要證明有一隻烏鴉是白色的就夠了。[4]

無論詹姆斯對心靈現象證據強度的評估是否準確，我同事的評論都是恰當的。我們追逐的對象是隻白烏鴉。至少乍看之下，一個普遍的命題（心智依賴大腦）似乎有待修正，因為有特例存在：迴光返照現象將成為另一隻白烏鴉。如果——這是一個非常強有力的「如果」——這就是迴光返照真正要傳遞的意義。

關於迴光返照最重要的議題，就是該現象是否為一種

白烏鴉現象？是否有其他白烏鴉例子可以觀察到自我、心智和人格相對獨立於嚴重失調的大腦活動？如果是這樣，這些額外的現象是否支持我們對迴光返照相關觀察的結果，從而使天平傾向非物質主義者的人格本質主張？正如美國心理學家坎寧安（Paul Francis Cunningham）所指出的：

> 我們需要的只是一項可靠的發現，即正常的認知過程在缺乏必要的大腦物質條件下發生，或者意識在缺乏可測量的大腦功能的情況下發生，從而改變人們對身心關係的思考方式。[5]

正如坎寧安所建議的，尋找類似病例的理想地點是在大腦功能嚴重減退甚至可能消散時，仍有可驗證的心理活動繼續展開的情況。或者，正如我們觀察到的迴光返照現象，當一個人接近死亡時，這種活動是否會恢復和增強。

第十章
極端狀態下的
心智與大腦

Mind and Brain in Extreme States

瀕臨死亡的心智與大腦

除非人們因疾病而腦部功能嚴重受損或是瀕臨死亡，不然我們可以在哪裡找到大腦功能缺失或至少是嚴重受損的狀態呢？迴光返照的特徵之一可能在這方面發揮關鍵作用，即迴光返照現象發生在患有多種帶有潛在神經系統疾

病（無明確病因的失智症、阿茲海默症、路易氏體失智症、心血管失智、愛滋病相關失智症），或者腦膿瘍、中風、原發性或繼發性腦腫瘤、細菌性腦膜炎的遲發效應、創傷性腦損傷等疾病的病患身上。除了定義迴光返照的特徵——神智自發且意外地恢復清醒，即「原本自我」的回歸——迴光返照的共同點是發生在患者臨終之時。除此之外，各個案例的生理狀況似乎並無共通之處。正如我們在前一章中看到的，在我們尋找可能的相關或個別因素、情境和觸發原因時，並沒有任何一絲發現，能讓我們預測或期待特定類別病患將經歷迴光返照：病情診斷、年齡、性別都無涉。我們的研究參與者一再提到的唯一可能的因素是：(a) 病患有嚴重認知障礙，(b) 大多數病患將在相當短的時間內死亡。

考量到大量此類案例都發生在病患臨終時，人們自然會注意到（並且會因此更加注意）迴光返照並不是臨終時會發生的唯一異常心理現象。在我們的迴光返照白皮書中，我

們簡要討論了迴光返照與瀕死體驗的相似之處，即部分患者在復甦後提到複雜、現象學、充滿靈性的意識體驗（稍後會針對這點提供更多內容）。在國家老化研究所的研討會上，我們對迴光返照和瀕死體驗之間的相似處進行了長時間的討論。事實上，這些相似處既引人注目又意義深遠：因為一如迴光返照，在瀕死體驗中，我們也發現了複雜的思想和意識體驗、自我意識和人格，在大腦受損的狀態下，例如心臟驟停時，這幾乎是不可能發生的。

再次強調，所有瀕死經驗的共同點是它們發生在瀕臨死亡的時刻。否則，沒有任何已知的因素或變數，可讓我們預測誰會在心臟和／或呼吸驟停後記住並呈報瀕死體驗：

> 自古以來，各種文化中都曾出現瀕死體驗的報告，可說是最能與失智症患者弔詭地恢復神智清明相提並論的現象，特別是當後者發生在病患臨終前之

時。在大腦功能低下的情況下，瀕死經驗呈現了豐富的現象。直到 2000 年代初期，瀕死體驗主要是透過軼事、回顧性或案例研究的方式呈報，這點類似失智症患者神智恢復清醒的研究。2001 年，兩項針對心臟驟停患者的前瞻性流行病學研究表明，該族群的瀕死體驗發生率可能高達 18%，這數據比僅根據病例報告提出的預測要高得多。[1]

那麼，為什麼恰恰是在決定生死的十字路口，當大腦的生物機能停止正常運作時，我們卻發現心靈生命活躍的可能性呢？正常情況下，心靈依賴完整有結構的大腦功能，但我們在此觀察到的現象卻似乎截然相反。這是另一隻白烏鴉嗎？為什麼兩者都只出現在瀕死狀態？

要瞭解此處可能的問題之所在，簡單回顧科學史和科學發展能提供助益。這很容易理解，並解決我們如何處理

白烏鴉以及白烏鴉何處可尋的問題,還能告訴我們如何著手研究迴光返照和瀕死體驗。

極端情況下的觀察

當我們試圖從科學的角度或日常生活中理解某些事物時,我們往往先從觀察該事物和事件出發,記錄它們的規律,然後發展相關的理論呈現其行為模式;在此基礎上,我們希望能預測未來的行為。讀者可能會覺得用這種方式來解釋「理解如何可能」有些複雜,但從日常生活的角度思考,一切都會變得更加清晰。如果你對某類事物開始有了更進一步的瞭解——無論是你的智慧型手機、手機應用程式或甚至是你的汽車——這都意味著你不再像理解增進之前一般,常會為其眾多不可預見的行為感到驚訝。

瞭解,意味著你開始知道如何處理面對:當我按下這個按鈕時,就會發生這種情況;當我啟動這個功能時,就

會發生這種情況。一開始會有很多驚喜，但隨著你對設備的熟悉程度增加，這種情況會越來越少，而你的預測會變得越來越準確。科學研究通常比擺弄和瞭解智慧型手機如何運作更受控和有序，但大體程序都是一樣的：你對研究的事物或現象越來越熟悉，然後你發現事情不只是「以某種方式」發生，而是有規律地逐次發生，顯然背後有一定的「邏輯」（確實存在，而且你很快就會發現）。然後根據我們對規律的理解建立一項理論。如果該項理論優良，我們的理解也會增進，並與我們的背景知識保持一致，它不會將實體和功能誇大到超出絕對必要的程度，最重要的是，它能準確地預測事物和事件的行為。然後，該理論通過了檢驗，至少當下是如此。

但科學（或日常生活中的理解）實際上並不僅僅是增進理解——或者擁有一項優良的理論。它也關乎發現、關乎好奇、關乎延伸解釋、關乎挑戰自然並測試其限度，並且如

果你願意的話，還能進一步揭示其內在運作的方式。因此，當我們理解某件事時，也喜歡檢視我們的理解所及的限度何在。我們因而研究更奇特的案例，藉以測試該理解在異常或極端條件下的表現。例如：物體的重量會影響下墜速度嗎？我們對答案瞭然於心，因為我們每天都能觀察到一本書落地的速度快過一根羽毛或一張紙。

但這點在真空中也成立嗎？不，令人驚訝的是，事實並非如此。在真空中，兩者下墜的速度相當，而這點必須納入考量。又或者，極為細小或是異常巨大的物體是否也遵循相同的機制？不，它們沒有，所以這一點也必須考慮在內。通常，這類極端情況下的觀察結果是項指標，意味著能更好、更深入、更全面地理解研究對象所處的範疇。因為當我們深入瞭解某些自然現象的異常或極端條件時，某些據信理所當然的定律和規則可能會突然失效，因為大自然揭示了迄今為止在日常條件下未見的隱藏特性和面

向。白烏鴉俯拾可見，往往需要全然不同的模型來加以解釋，因此必須發展新的模型和理論。

格雷森的提議

這與我們理解迴光返照的嘗試有何關係？據我所知，我的同事格雷森——我與他一同發表首篇關於當代失智症迴光返照案例的大規模研究報告——是第一個提出物理學邊界條件的作用，可能有助於理解迴光返照和瀕死體驗中死亡和臨終扮演的角色。理由直截了當：死亡無疑是有機體（和人類）的一種極端情況，因此可視為另一個透過極端情況揭示自然新見解的案例——在本書脈絡中，指的就是關於人類的本質。因此，如果我們將「特定領域」行為的一般概念應用於事物和過程，就無須過於訝異何以瀕死狀態帶來的發現不斷衝擊我們在日常生活中、實驗室和臨床工作上規律可信的觀察。格雷森在紐約聯合國的演講中詳

述了這些相似之處：

> 我們生活的世界，奇妙一如鐘錶裝置，數百年來我們接受牛頓力學描繪這個世界的方式。在我們大部分日常生活中，牛頓力學都發揮著很好的作用：當你拋起某樣東西時，它終會落下。你扔得越用力，速度越快。只有當你面對極端狀況時，像是測量極微小的粒子或極快的速度，牛頓模型才會崩潰。這並不是牛頓錯了，只是他使用的公式只能描述有限的情況。當我們遇到極端案例時，他的公式不再有效，我們需要相對論來進行修正。〔…〕
>
> 我認為大腦和心智的狀況也是如此。在我們的日常生活中，假設大腦和心智是同一件事，效果相對較好。只有當你遇到極端情況時，例如當大腦停止運作時，你才會看到這個公式被打破，大腦和心

智似乎不是同一件事。

最常見的例子是瀕死體驗，當你遇到很多人看來已然死去，當中還有少數人實際上腦電波顯示為一條直線，他們起死回生後卻說：「彼時我不僅在思考，而且思路還比以往任何時候都更清晰。」我們還有其他例子說明當大腦受損時，人們的思維會更清晰。有類特殊情況是病情無法逆轉的失智症或嚴重精神疾病患者，在臨終前的那一刻，神智全然清醒。他們認出家人，發言連貫，不再妄想，然後死去。這是怎麼回事？唯物主義的主張無法解釋這現象。如果我們假定當大腦開始惡化時，心智跟大腦就會分離，那麼我們就可以解釋。[2]

然而，目前看來，我們的個性和自我只有在特定領域（也就是日常生活範疇）依賴大腦功能運作的觀點，不過是貌

似有理的假設，試圖讓難以置信的事情（迴光返照）變得更加可信。但還有一些方法可以走得更遠，我們需要找出是否有比單單強調合理性更重要的方法。因為如果格雷森的建議確實還能更進一步，我們應該預期人類的意識在臨終時刻會出現更多這類不可能的現象。換句話說——也許我們能在生與死之間的灰色地帶發現更多白烏鴉。

第十一章
死亡時的心智
Mind at Death

心靈視覺

正如我們已指出的，其中一類情況就是瀕死體驗，特別是那些在臨床死亡期間發生和／或在腦電圖無法檢測到任何大腦活動時發生的選定病例，儘管生理條件如此，從各方面來看，瀕死體驗者卻擁有複雜而有序的意識體驗（並

且通常非常美好）。

　　第二類情況同樣與死亡有關，但因為十分罕見，因此仍不確定它的含義，故而在此我僅能簡單帶過。但如果這情況能得到證實，將是一隻相當令人印象深刻的白烏鴉。自 1970 年代末期開始對瀕死體驗進行更有系統的研究以來，文獻中散布著一類關於盲人患者聲稱在瀕死體驗期間有過視覺體驗的報導。我的同儕友人、美國心理學家和瀕死體驗先驅林（Kenneth Ring）與庫柏（Sharon Cooper）共同發現了總計二十一名法定盲人的相關案例，這些人宣稱在瀕死體驗期間可以「看見」（但在瀕死體驗之前與之後都看不到）。林賦予這種現象恰當的名字：「心靈視覺」。林和庫柏有關心靈視覺的文章與書籍中採訪的見證人，有些天生失明，有些是在五歲之後失明，其餘的則是法定盲人，但仍殘餘些許視力（這些病患看不到顏色、形狀或人，但他們仍然可以分辨光明和黑暗，僅此而已）：

我們的一位受訪者在二十二歲時因中風而完全失明，在此之前她是近視，她談到在瀕死體驗期間看到自己的身體、醫生和手術室。她說：「我知道我能看見，但我本來是盲人⋯⋯我知道我可以看到一切⋯⋯在我離體時我可以清楚地看到細節和一切。」

另一名男子十九歲時在一場車禍中失去視力，在瀕死體驗中，他看到已故祖母出現在對面山谷的景象，這讓他感到安慰。在評價他的清晰度時，他說：「當然，我失明了，因為事故完全摧毀了我的眼睛，但（我的視力）非常清晰。在那次經歷中我擁有完美的視力。」

還有一位天生盲人，在瀕死體驗的超驗（transcendental）階段，發現自己置身於巨型圖書館中，看到了「數以千計、數以百萬計、數十億本書，無窮無盡」。當被問及是否真的「看到」它們時，

他說:「哦,是的!」他看得清楚嗎?「沒問題。」他對自己能看到這樣的景象感到驚訝嗎?「一點也不。我對自己說,『嘿,你看不見,』又自問自答:『好吧,我當然能看見。看看那些書。這是我能看見的充分證據。』受訪者的典型回應是彼時所見不僅清晰,更是亮眼〔⋯〕;觀看通常被描述為「完全自然」或「本該如此」。然而,有時,一開始看見實景時會讓令盲人感到迷失,甚至不安。[1]

正如所料,這些非比尋常的主張招來質疑的巨浪。批評者認為,這些報告可能是單純的虛構(如果不是徹頭徹尾的捏造),或者它們實際上是基於錯誤的記憶,是建立在其他感官知覺(例如聽覺或觸覺)的基礎上,實際上不涉及視覺。受訪者錯誤地用視覺術語重建和敘述了聽覺或其他感官的經驗。有鑑於我們對建構性記憶(constructive memory)如何運作的瞭解,這很可能就是某些個案經歷的情況。[2]

然而，必須指出的是，批評者很容易認定受訪者總是異常生動的描述要麼是捏造的，要麼是錯誤的記憶。這就帶出了一個問題：如果一個人甚至不準備考慮那些看來與「常識」相牴觸的事件或數據（白烏鴉），只**因為**它們與「常識」相牴觸，那就是一腳從開放式的科學探究踏入教條主義，與上述好奇心驅動的發現過程背道而馳。如果你所見到的每一隻白烏鴉都被視為幻覺、虛假記憶、錯誤或刻意**撒謊**；如果白烏鴉坐在你面前直視著你，而你決定否認它的存在，那你就是對眼前決定性的線索視而不見。目擊事件值得進一步調查，而且，如果事實證明它是真實可靠的，也許會改寫我們迄今為止所相信的知識。

意想不到的發現有時能引領我們更全面地理解自然，雖然這並不意味著必須**完全相信**種種非預期的觀察所得，並且過早**推翻**既有的理論或模型。只有當我們發現更多這樣的案例並且能夠驗證它們時，心靈視覺的證據才會被正

視。我們需要的證據必須強有力而且可靠，但是迄今為止，文獻中的心靈視覺報告案例都還沒得到充分證實（或有其他證據支持）。我提到這些心靈視覺的報告是為了說明，我們需要這類發現，以便更深入地瞭解迴光返照現象。

NEDs

如今人們對待瀕死體驗研究的態度已大不相同，儘管它最初也遭致類似的質疑，甚至徹底的拒絕和懷疑。正因如此，早年瀕死體驗研究的先驅們一開始常常需要說服同事，相信瀕死體驗是真實存在的現象，也是值得正規研究的對象——這意味著相當數量的人看似躺在急診室中失去意識的同時，擁有豐富、複雜和結構化的經驗，當中大部分經歷了心臟或呼吸驟停或兩者兼而有之，即臨床上已判定死亡。但長期以來，人們暗嘲瀕死體驗者是被虛幻的記憶、心理動力學防禦機制，或腦中的其他功能障礙所矇騙。[3]

有時，他們也面臨著徹頭徹尾隨意捏造瀕死體驗的指控——就像該領域的研究人員被指控在科學圈外運作，或者更關注宗教和靈性勝過嚴肅的科學研究。不過情況已有所改變，特別是因為瀕死報告的大量出現：幾項國際研究指出，在瀕臨死亡的病患中，高達 18% 的人經歷了瀕死體驗，這比例意味著全世界有數百萬瀕死體驗者，大量醫務和研究人員因而都經手過此類報告。似乎有太多的事情不能被忽視或視為純粹的虛構或捏造。

瀕死體驗研究者考克斯—查普曼（Mally Cox-Chapman）就此提出一項有用的思想實驗：如果一位病人告訴你，她被認定臨床上已然死亡時經歷了瀕死體驗，詳細地回顧一生，彷彿自己「離開身體」了，並記得看到美麗不似人間的風景或以前從未見過的顏色、光芒等等，你很可能會禮貌地傾聽，也許想知道這個病人是否該去看心理健康專家、牧師或猶太拉比。如果有十個或一百個病人向你吐露他們在

被判定臨床死亡時有過瀕死經歷[4]，你可能會更仔細地聆聽。但如果數以百萬計的患者講述了同樣的故事呢？到了某個時候，我們就再也不可能忽視此類報告了；考量到自1970年代中期以來，成功搶救復甦的病患數量前所未見，可以預期瀕死體驗最終會被接受為一種真實現象，瀕死體驗研究將成為一個新興研究領域，相關論文將出現在眾多醫學、精神病學、心理學、社會學、神學、哲學和其他學科的期刊。可以毫不誇張地說，如今瀕死研究這個長期以來在學術界屬於小眾和邊緣的話題，已成為死亡和臨終心理學研究的核心議題。

第十二章
臨終知覺
Perception at the End of Life

瀕死體驗何時發生？

同時，並非所有的瀕死體驗都是在客觀而言生理上確實接近死亡的情況下發生的。因此，並非所有的瀕死體驗都同樣適合用來測試格雷森關於大腦和人格的特定領域關係的提議。偶爾也會有**主觀上**自我認定瀕臨死亡的人呈報

自己的瀕死或類似體驗,但實際上他們的健康狀況根本未到威脅生命的地步。誠然**自我認定**死期將至,與實際**生理狀況**接近死亡或臨床死亡之間差異極大。

因此,下列討論將僅限於心臟和／或呼吸驟停期間發生的瀕死體驗。在此前提下,尚需滿足某些條件才適用於檢驗格雷森的提議:我們首先需要確定瀕死體驗發生在心臟和／或呼吸驟停期間,而不是在生理功能和氧氣恢復充足供應時發生。因為只有在那個當下,才會遇到與迴光返照相同(同時也令人費解)的現象,即在大腦功能發生障礙**期間**,意識仍保持清醒並能進行複雜運作的主要特徵:迴光返照的情況是病患由於潛在的腦部疾病導致失智,而瀕死體驗的情況是在比方說心臟完全停止跳動時,大腦基本上在短短幾秒鐘內喪失功能:

無論是心臟實際上完全停止跳動,還是進入心室顫

動狀態,其結果本質上都是瞬時停止血液循環功能,大腦中的血流量和攝氧量會迅速降至接近零的水平。腦缺血的腦電圖通常顯示為整體活動減緩和缺乏快速活動(fast activity),可在發作後六到十秒內檢測到,並在十到二十秒內進展為等電狀態(isoelectricity),此時腦電圖顯示為一條水平線。總之,心臟驟停會迅速導致死亡的三種主要臨床症狀(心臟停止輸出、呼吸中止和腦幹反射不再),這也是判定瀕死的最佳模型。[1]

顯然,心臟或呼吸驟停期間的瀕死體驗可能有助於理解迴光返照。迴光返照與瀕死體驗這兩種情況發生時,受損大腦的靈活度反而增強而非減弱。不過這裡有個問題:我們通常不知道也無法得知瀕死體驗到底發生在什麼時候。典型情況是這樣的:復甦的患者談論自身的瀕死體驗(通常是在成功復甦後數小時,或更常見的狀況是在數日後)。然而,

他們通常無法告知瀕死體驗**到底發生在何時**。他們提供的可能是一段感人至深的經歷，也可能會講述一段壯麗無比的超凡脫俗之旅；但日期和鐘錶時間對於瀕死體驗者來說，可能是最無足輕重的面向，即便有意願，他們也不太可能提供多少相關資訊。

站在瀕死體驗者的立場，這完全可以理解：當你相信自己短暫瞥見了一個異常美麗且超凡脫俗的境地，你很可能不會對該經驗發生的時間感興趣。但身為這領域的研究者，我們想要瞭解所聞故事的內在面向，並同時獲得故事本身以外的資訊。

因此，從研究人員的角度來看，我們無從得知瀕死體驗確切發生時間這點事實，帶出了一個大問題：我們能否確知瀕死體驗不是在病患開始恢復的復甦階段發生的？此時身體的生理功能——特別是大腦的運作，可能受到的損害較小。因此，在我們將瀕死體驗視為另一隻白烏鴉之前，

我們首先需要知道它確實發生過。考慮到瀕死體驗的主觀特性——你可以說這是一種非常私密的內在體驗——對這個問題感興趣的研究人員因此嘗試了一些方法，以某種方式將其與「客觀」事件（及其發生時機）連結起來。在瀕死體驗文獻中，此類嘗試主要集中在原則上可從外部驗證（和確認時間）的極少數面向：聲稱相當比例的瀕死體驗者「離體」，並在該狀態下能夠視覺感知／看到周圍環境：

〔…〕48%的瀕死體驗者表示，他們從不同的視覺角度看到了自己的身體。當中也有多人提到目睹身體周遭發生的事件，例如醫務人員在事故現場或急診室試圖復甦他們。[2]

這類說法本身當然很令人驚訝，但我們暫時先不考慮瀕死體驗者在瀕死體驗期間是否「離體」。就我們的目的

而言,如果他們能有意識地回憶起瀕死體驗期間發生的事件,這些回憶又可以對應到他們病情告急時的某個特定時間點,我們就能據以推斷出實際瀕死體驗發生的大概時間。

瀕死體驗期間的感知

迄今為止,只有少數研究針對瀕死體驗「離體」期間的視覺感知進行外部的對應研究。例如,美國心臟科醫生薩博姆(Michael Sabom)要求一組心臟驟停並接受過心肺復甦術(CPR)的瀕死體驗者,以及一組未曾有過瀕死體驗的對照組患者,從旁觀者的角度描述心肺復甦過程。未曾有過瀕死體驗的對照組中,絕大多數患者(高於87%)對心肺復甦的描述至少犯了一項重大錯誤;而有過瀕死體驗的患者則無人犯下任何重大錯誤:

這些精準的心肺復甦術自視(autoscopic)報告是否出

於「錯誤記憶」？是病患根據先前住院經驗得出的「最佳猜測」結果嗎？為了驗證這一點，二十五名有過多次住院經驗的心臟病患者（他們的背景與瀕死體驗組相似，但沒經歷過瀕死體驗）被要求假定自己身處醫院一角，從旁觀者的角度描述心肺復甦術進行的過程。他們對自身所做描述的信心似乎很低。其中兩名患者並未做出任何敘述。在沒有過度提示的情況下，其餘二十三名患者中，有二十名在描述明顯的物件和事件時犯了重大錯誤——比如，說是「口對口呼吸」，但實際上進行的是人工呼吸；「使用木製喉嚨壓片，這就像冰淇淋棒只是更大」，但實際上使用的是口腔呼吸道；「擊打背部，讓心臟重新跳動」「剖開胸腔，雙手在心臟周圍進行按摩」「透過固定在胸部並連接到心臟監視器的電線進行電擊」「用針穿膛入胸刺進心臟進行電擊」、除顫器電極板「連接到氣瓶據以加壓」或「底部有吸盤」。

因此，瀕死體驗證詞的準確性似乎更接近真實目擊者的報告，而不是未直接目睹事件的患者敘述。[3]

此外，部分瀕死體驗者還提供了有關復甦期間發生的意外或非典型事件正確而詳細的資料：

有六人聲稱在離體期間「看到」了具體的復甦細節，包括（1）氧氣面罩的施用（「他們之前用一根細小的鼻管供應我氧氣，接著取下又戴上一個遮住口鼻的面罩。」）；（2）胸部重擊後進行外部心臟按摩和插入呼吸道（「他擊打我的胸部正中央。接著按壓我的胸部……有點像人工呼吸。他們在我嘴裡塞進一根像是油瓶裡的塑膠管）；（3）除顫器電極板（「嗯，它們不是板子……是帶有手柄的圓盤。」）；（4）電極板的潤滑（「他們在這些電極板上添加了像是潤滑劑的東西。」）；（5）電極

板的施放位置(「他們在這裡放了一個……然後在這裡放了一個。」);(6)除顫器充電(「我認為他們移動了固定指標,指針保持靜止不動,但另一處的指針則向上移動。」);(7)除顫(「我認為他們施加在我身上的電壓過強。老天!躺在桌子上的我,身體往上彈高大約六十公分。」);(8)心臟注射藥物(「他們往我身上紮了一針,然後……像這樣把它塞進我的胸口。」);(9)檢查瞳孔反應和頸動脈搏動(「我猜他們拉起我的眼瞼來查看我的雙眼。然後他們沿著我的頸部尋找脈搏。」);(10)鎖骨靜脈導管置放(「B醫生過來並決定在我的左側放一根——嗯,不是放在腋下的部位,而是側邊這裡。」);(11)從股動脈(「第一針是下在腹股溝某處」)和橈骨動脈(「他們用細針從我的手獲取有關血氣的數據。」)抽取動脈血氣。與醫療紀錄和心肺復甦術標準手冊相比,這些報告結果出人意外地準確。復甦病患期間在場的其他人,不太可能討論這些瀕死體驗報告中的物件與事件的視覺細

節，身體條件極受限的病患本人也無從觀察到。[4]

此外，一名患者報告說，他很意外在自己心臟驟停期間「看到」三名家人從遠方來到醫院。該男子的說法後來在單獨採訪其家人時得到確證。[5]

英國死亡學家薩托里（Penny Sartori）針對心臟驟停復甦患者執行的五年研究也得出同樣結果。她也發現，瀕死體驗者準確描述了他們的復甦過程，而對照組同樣無法做到這點[6]，這再度顯示，瀕死體驗不僅實際上發生在**復甦期間**而非成功**復甦後**的某個時間點，受試者還能以某種方式「看到」或以其他方式感知瀕死體驗期間周圍發生的事。除了這幾項研究，還有大量關於瀕死體驗期間真實感知的個人病例報告，這些報告規律地在瀕死體驗文獻和研討會上提出。這些故事似乎也支持這樣一種觀點，即至少部分瀕死體驗者在臨床死亡**當下**而非**稍後**，曾有過視覺或其他感知：

患者沙利文（Al Sullivan）報告說，在 1998 年的一次心臟四重搭橋手術中，他似乎脫離了身體，注視著手術的進行。他看到其中一名外科醫生似乎「揮舞著雙臂，像是試圖飛翔一樣」。這個個案中的外科醫生和心臟科醫生都證實，當時外科醫生在手術過程中做出了這些不尋常的動作。外科醫生解釋說，為了防止他的手在「術前搓洗」和實際開始手術之間接觸其他物體，他養成了將雙手放置胸前並用肘部指示方向的習慣，用這樣的方式示意手術室內的其他人員。心臟科醫生證實，沙利文在手術後恢復知覺後不久，就向他描述了這種不尋常的行為。[7]

美國研究者霍頓（Janice Holden）進一步研究九十三份有可能證實病患在瀕死體驗期間仍保有感知的類似報告。其中約 43% 的報告能獲得獨立證人的證實，另外 43% 的報告有獨立證人，但無法聯繫到該證人以進一步證實。只餘

下 14% 的案件缺乏目擊者能證實瀕死體驗者的感知內容。在獨立證人確認的個案中，88% 完全準確，10% 包含一些（通常微不足道的）錯誤，只有 2% 的個案敘述全然錯誤。[8] 儘管聽起來令人印象深刻，但這些數據的品質不如上述薩博姆和薩托里的研究。到處都可看到同樣的問題：當涉及到個別病例報告時，必須考慮到患者和確證資訊提供者所犯的記憶錯誤，尤其是當受訪者（主要是瀕死體驗者的家庭成員）遠在訪談之前就曾互相交流，以及瀕死體驗發生的時間距訪談已經相當久遠。

此外，還有非常人性化的一面需要考量：共同陳述故事、複述故事，以及隨之而來的美化故事。這些奇妙的「離體」經歷是很有趣的故事，它們往往動人，並似乎能證實瀕死或死亡時刻的奇蹟。美好且溫暖人心，是大多數瀕死體驗者經常體驗到的深層靈性，**觸**及人類生存的本質而又令人安心。

我們旁觀者需要這樣的共同故事。我們的社會生活、我們的文化和我們對世界的理解都藉由故事成型，一如我們的共同故事是由我們的社會生活、文化和我們對世界的理解所塑造的。我們的生活有賴這類敘事，並從中學習。然而，這類敘事並不必然是事件和事實的確切記載。有時它們是寓言，有時是勸世故事，有時是瀕死體驗內容的確實報告。有鑑於大多數瀕死體驗的主觀性質和往往不尋常的內容（生命回顧、「靈魂旅行」、進入超凡脫俗的領域，或遇到世外存有），外人很難判定內容。這類故事大同小異。

因此，所有通過第三方審視和檢查的瀕死體驗真實感知報告背後，可能至少有這麼一個故事，有點令人興奮，有點戲劇化，故事內容看上去還滿可信的。不幸的是，正如記憶研究所告訴我們的，這類故事很難全然真實：

　　如何重述事件取決於觀眾和重述的目的。例如，在

法庭上作證或提供證據給警察時，人們通常會盡可能地準確。然而，向朋友講述軼事時，注重的往往是娛樂觀眾而非準確性。在這種情況下，可能會省略某些細節並誇大和修飾其他細節，好為故事增添趣味。重述行為是一個創造性與建設性的過程，最終結果取決於重述者所採用的觀點。無論好壞，該觀點都會影響重述者後續記憶內容的正確性。[9]

聆聽這類令人信服的瀕死體驗妙聞時，我數度在故事講述到一半時出現似曾相識之感：很快就醒悟這是我已然知悉的故事。我去年就曾聽聞；只是我第一次聽到這故事時，故事本身並不這麼煽情與言之鑿鑿。我們很容易理解這出於人性——人們當然想講述（和聆聽）美好的故事，特別是考慮到現代西方文化罕有勵志的當代死亡敘事可供借鑑。除了我本人可能還有許多同事，都喜歡這樣的故事——我們的喜歡之情也許和故事的講述者相當。但這一切無助

於增加故事本身的證據價值。關於潤飾瀕死體驗敘事這點，還有很多可供探討之處，特別是廣受歡迎的瀕死體驗運動有一種隱隱令人不安的趨勢，即給予某類特定敘事更多的關注。相形之下，大多數其他瀕死體驗者從未引起（或尋求）更多公眾的關注。但在瀕死體驗運動中，這一再導致個別瀕死體驗者聲稱自己擁有近乎先知般的地位，就好像瀕死體驗賦予一個人特殊的靈性權威。[10]

但為什麼應該如此？我們所有人都會死；我們所有人都會有屬於我們個人的死法，我懷疑我的死亡經歷能為你帶來什麼特別的教誨，反之亦然。因此，我常疑惑賦予某些瀕死體驗者特殊地位的合理性。無論是由於瀕死體驗者（或敘述者）各自的特殊人格特質使然，抑或是出於較一般性的原因，像是尋求關注和／或有效的行銷。有種趨勢是為了滿足共同故事的需求（和市場），這些故事可能會在各方面稍加潤飾，顯得更可信、更美好，不幸的是準確性也

降低了,這是為什麼我們更需要系統性的研究工作（諸如薩博姆和薩托里）而非僅依賴個別的故事;我們需要更多這類研究的原因在此。

「我死後是個天才」

針對我們提出的問題:具有意識的心智與自我是否可能在死亡和瀕死的邊界或極端條件下,比功能失調的大腦更「長存」（outlive）？瀕死體驗的另一項相關性極高的特徵可能較不容易出錯:即**不論**瀕死體驗期間經歷或聲稱的感知經驗,而是關注他們**是否**經歷過任何事情,如果經歷過,他們是**如何**經歷的。

因為這正是問題的核心所在:我們能否找到進一步的跡象來闡釋這觀點,正如格雷森所指出,在死亡和瀕死的極端狀況下,一般時候看似依賴於正常大腦功能的人類精神生活（mental life）是否有些「脫鉤」？

至少當我們瀕臨死亡時，自我和人格、意識經驗、思考和記憶能否在缺乏必要的神經學基礎的情況下仍舊開展？如果你詢問瀕死體驗者本人，答案似乎是肯定的。不僅如此，人們經常聽到或讀到報告宣稱，在瀕臨死亡的病危關頭，瀕死體驗者不僅神智清醒，而且實際上比以往任何時候都能夠**更**清晰、**更**有邏輯、**更**迅速地思考；許多人也提到了異常強烈和生動的視覺印象。因此，儘管聽起來很矛盾，但套用一位研究參與者的說法：「我死後是個天才。」

　　例如，一項針對數百名瀕死體驗者的研究顯示，80%的體驗者認為他們在瀕死體驗期間的思維「比平時更清晰」（45%）或「像平時一樣清晰」（35%）；此外，65%的受訪者表示，他們在瀕死體驗期間的想法「像平常一樣合乎邏輯」（36%）或「比平常更合乎邏輯」（29%）[11]。還有研究顯示，在瀕死體驗期間經歷複雜心理狀態和意象的瀕死體

驗者，和缺乏這類經驗的**瀕死體驗者**相比[12]，更**趨**近於死亡；這意味著與心智和認知的神經生物學模型相形之下，病情越嚴重，**瀕死體驗**者越可能**體驗**（或者應該說宣稱體驗）複雜的認知功能。

第十三章
瀕臨死亡時的心智、記憶與視覺

Mind, Memory, and Vision near Death

瀕臨死亡時的思考與觀看

當我決定與學生以及第一個研究迴光返照的非正式小組成員們一起進行前導研究並發出調查問卷時，我們的預期是必定要經過等漫長等待才能收到足夠的病例報告。於此同時，我們的急切無可否認——一想到眼前的現象看似

不可能真的發生，卻又在哲學、人類的存在，甚至可能在靈性面向都具有重要意義，便讓等待變得難以忍受（儘管如前所述，隔日就開始有病例回報，而且數量遠超出我們的預期）。因此，某次研究會談時，我們考量可以並行研究的類似現象，以縮短迴光返照前導研究預定的等待時間。很快地，我們就萌生了研究正經歷嚴重健康危機的非慢性病患者（例如失智症和其他神經受損患者）其神智清醒度和視覺能力的想法，他們的大腦正常功能可能因病情受到干擾。如果布魯斯的建議有理——瀕臨死亡時，心智對大腦功能的強烈依賴可能會脫鉤——我們應該能期待在其他與死亡相關的狀態（例如瀕死體驗）中發現類似的現象。

因此，我們搜尋了幾個科學資料庫，結果發現，儘管諸多瀕死體驗者聲稱認知清晰度和瀕死視覺意象有所增強，卻罕見與此相關的研究。所以我們決定利用等待的時間研究這項議題。彼時我們並不清楚，迴光返照以及瀕死

時認知和視覺意象增強的數據很快將大舉來襲。

我們的研究調查[1]來自多個瀕死體驗資料庫，總計六百五十三份報告，這些資料涉及瀕死體驗發生時的具體醫療背景資訊。這些報告顯示，體驗者的醫學診斷為心臟和／或呼吸驟停，並且至少還出現一項明確且自發的視覺感知和／或圖像，以及認知功能的增強（像是「我從大約三公尺高處看到了車禍」「我想到了我的孩子們。我不在了，他們該怎麼辦？」）。

我們根據簡單的給分系統評估這些敘述，具體取決於體驗者是否提及在心臟或呼吸驟停期間的視覺或認知能力（或兩者）的任何變化（或是毫無變化）。所有涉及視覺感知或意象，以及警覺性或心理狀態的參考文獻，均按以下等級進行評分：-2（與日常生活中典型的一天相比，視覺或認知能力嚴重受損）；-1（與日常生活中典型的一天相比，視覺或認知能力略有受損）；0（與日常生活中的典型一天相比，在視覺或認知方面沒注意到或提到任

何差異）；+1（與日常生活中典型的一天相比，視覺或認知能力略有增強）；+2（與日常生活中典型的一天相比，視覺或認知能力大大增強）。

如果報告中提到瀕臨死亡時的觀看或思考，但沒有額外的描述，或是使用直接或間接的修飾詞彙加以說明，僅用與日常清醒狀態類似的方式描述，則得分為 0。由多位評估者對報告內容進行評分的研究中常見的情況一樣，需要進行多次測試才能建立令人滿意的評估共識，以便使評分取決於報告內容，而不是評估者的慷慨或嚴格。以下將給出視覺能力和認知能力的每個分數範例。

研究結果

總計六百五十三名案例中，我們只取到四百八十九個案例的年齡和性別統計資料。體驗者年齡介於十八歲至七十四歲之間（平均年齡五十四歲），其中 63% 是女性。經歷瀕死體驗前的病況差異很大，包括像是未特別說明原因的

臨床死亡、手術併發症、器官衰竭、頭部受傷、自殺未遂、過敏性休克、溺水或潛水事故以及車禍。絕大多數人（總樣本中的五百零四人，佔 77%）經歷瀕死體驗前的健康危機是突然發生的，在此之前並未患有危及生命的慢性疾病。其餘 23% 的案例則表示，發生瀕死體驗前，他們的病情告急是由於長時間的身體不適和／或預料中的健康狀況惡化。

死亡前的觀看

至於瀕死體驗期間的視覺意象，總數達六百五十三的個案中，只有四十一筆紀錄（即 6%）沒明確提及任何視覺意象，而是著重瀕死體驗期間獲得的感受、思考或靈性洞見。因此，這四十一個個案在視覺意象項目上沒得到任何分數，剩下可供評分的樣本數為六百一十二份。

略少於半數的報告（二百五十二份，佔六百一十二份報告中的 41%）得分為 0，因為體驗者雖然確實提到了視覺體驗，但

在報告中並未顯示視覺品質與日常生活相比有所差異。乍聽之下，這並無特出之處，但細想：這些心臟或呼吸驟停的瀕死體驗者失去意識、瀕臨死亡，卻仍能像病危前一樣正常「觀看」。

> 我看到面露擔憂的父親和繼母，我試著詢問，但他們沒聽到我的聲音。

> 死亡雖然不是常態，但我感覺很正常。唯一的區別是我剛剛聽到醫生大喊「搶救病人」（code blue），我過了一會兒才搞清楚他搶救的對象是我（或者更確切地說是我的肉體）。

> 明明我心臟病發，但我卻非常平靜鎮定，一切都感覺完全正常和自然。我還是我。但我的身體不是我。

我環顧四周，心想：「哇，多麼冰冷醜陋的病房。」

只有大約十分之一的報告（六百一十二人中的七十三人，即12%）表示，**瀕死體驗過程中，他們的視力至少曾一度惡化**。然而有趣的是，在這七十三例案例中，大多數（84%）體驗者認定原因出於周圍環境，而非自身視力惡化或喪失：

我失去視力；一切漆黑。

我什麼也看不見，完全的黑暗。

很黑暗，我只看到遠處有些影子，但我認不出他們是誰。

此外，大多數提到視力暫時惡化的人後來都表示，隨著經歷的展開，視力恢復正常或所見意象明顯增強，例如

他們會看到非常生動的景象,或遇見已故親人、非人類存有、燈光和其他視覺圖像:

> 我身處溫暖的黯黑之中,什麼都沒有,只有虛空。雖然是完全的黑暗與暖意,但我並不害怕。過了一會兒,我看到細微的光芒刺穿黑暗,一道、兩道然後是幾十道光束,很快我就發現自己沐浴在五彩光芒之中。這是我見過的最不尋常的事情。我不僅「看到」,實際上還置身其中。

> 一開始,我什麼也沒看到。很黑,但並不可怕⋯⋯是我曾「見過」最美麗的黑色。然後,突然間,好像有人打開了燈。多麼亮啊!我透過我的心而非依靠雙眼看到溫暖、平靜、揪心的美麗光芒。我每天都渴望著那道光。

其餘二百八十七名體驗者中的近半數（47%）提到，瀕死體驗期間視覺能力有一定程度的改善（一百四十九名，即24%）或顯著改善（一百三十九，即23%）：

不再需要眼鏡了！我沒戴眼鏡看得很清楚。

我坐起身，讚嘆一切顯得如此清晰。我戴眼鏡或隱形眼鏡一輩子了，所以周身環境的清晰度和色彩的鮮豔程度讓我驚訝。我可以感知圍繞一切事物的能量。房裡的書、書桌、家具，似乎都散發著淡淡的光芒。才注意到這一點，我就意識到自己不需要轉過頭就能看到周身三百六十度的情況，想看就能看見。在我身後躺著我的肉身，那一刻，我意識到自己已經死了。

我可以清楚看到那裡的環境,這對我來說,通常不戴眼鏡是完全不可能辦到的。那裡的顏色比地球上的更強烈和清晰。

平常我是個大近視,而且在手術前就摘掉了眼鏡。但我卻能像戴上眼鏡一樣清楚看到醫院裡的事物。當身處「異境」(other side)時,我能夠看到前所未見的色彩強度和視野範圍。

「觀看」在此有著全然不同的定義。「觀看」是整體性的經驗。在我的認知中,這些圖像是透過大力振動的方式創造的,所有能量都透過不同的頻率顯示己身。光被用來傳遞想法到我體內,然後形成圖像,但我是在腦海中而非眼前看見它們。在這場奇妙體驗前後,我的視力算不上好,但在體驗期間我有絕佳視力。我看到醫院牆上的每道小裂縫,我

看到窗角極小隻的蜘蛛或蒼蠅，牠們看起來如此美麗！萬物緊密相連的生命之網。我在這些微小生物的內部和周圍看到生命之光散發著火花。我看到醫院花園有棵樹，我不需移動身體「靠近」就能看到每片葉子、樹身結構與葉脈。然後我看到了一塊石頭——這必然只是一塊普通的鵝卵石，但我看清這塊石頭的所有細節與質地，極其美麗！這一切都發生在我所處的病房內，我完全不曾靠近醫院花園哪怕一吋的距離⋯⋯那是一段美好的離體時光！

我的視力起了很大的變化。不再是一般的「觀看」，而更像是「感知」(sensing)。我可以同時感知並瞭解急診室裡的每項細節！這是 4D 視覺——增添了色彩、清晰度、質地以及振動的這項維度！

死亡前的思維

至於瀕死體驗期間的警醒度（alertness）和認知問題，大約三分之一（35%，即總計六百五十三份病例中有二百二十六份報告）沒有明確提及體驗期間的認知過程，所以沒得到分數，儘管這些報告中的大多數（約85%，即「未提及認知過程」二百二十六案中的一百九十一例）涉及複雜內容，這些內容足夠推定個案的認知功能即使未增強，至少也是正常的程度：

> 它是如此美麗，但我也渴望與我的孩子們在一起。這麼小的年紀就被拋下，似乎是極其痛苦的。
>
> 我渴望告訴我的丈夫和母親我很好。

其餘四百二十七份報告明確提及警醒度和心理狀態，只有這些報告可以根據評分方案進行評分。在這

四百二十七份病例報告中,只有一名體驗者的警醒度和精神狀態出現明顯退化:

> 我的感覺像是半睡半醒。每當我在離體過程中「醒來」時,都會感到活下來的前景實在太累人了,讓人一點都提不起勁,然後又陷入了斷斷續續的半睡半醒狀態。

只有 13%(十三名體驗者)的報告顯示思緒略有退化,但警醒度並未下降:

> 感覺人在當下且清醒,但又極為放鬆。我的思維停滯不前且異常緩慢。

> 我只是想看看這美麗溫暖的黃色光芒。就只是這

樣。我只是看著,在醫院度過悲傷而痛苦的幾週後,我第一次享受「生命」(或死亡?)。

我感到平靜與包容。全然的虛空卻非常正面並且喜悅滿溢。「我終於歸家了」——我像唸咒一般一遍遍地重複這句話。我內心什麼也沒發生但又看著一切發生,我感到極為開心。

這段旅程感覺就像一場夢。但這不是夢,我的感覺極為強烈如夢一般。

這讓我想起學生時代嗑藥,那炸裂致幻的感受。

二百六十二名體驗者(佔可評分樣本的61%)提到對自己、環境和思維有意識,但沒有進一步使用任何限定形容詞,也沒有在影響得分的指標上暗示表現下降或增強。(意味著

得分為 0——沒有變化）：

我醒來時感到非常驚訝！我想知道這是否意味著自己已經死亡，又或者是醫生給我的某些藥物導致我當下的經歷。

其餘一百五十一名體驗者（佔可評分組的 35%）提到在意識、警醒度和思維清晰度方面有輕微（七十名體驗者佔 16%）或顯著（八十一名體驗者佔 19 %）提升：

我感覺非常清醒、全神貫注、敏銳且專心。事後看來，這就像我活著時處於半睡半醒狀態，而當我被宣布死亡後卻完全清醒了。

我的頭腦變得清晰，思維顯得迅速而果斷。巨大的

自由感讓我對擺脫肉體感到非常滿足。我感覺與周圍一切都以一種無法言喻的方式相聯繫。我感到彷彿自己的思考加速了，又或者是時間明顯變慢了。

在此期間，我記得生命中的一切，從我的出生到事故發生間的每件事，包括所有的細節而且非常準確。我記得所有認識的人，甚至是那些我只見過一兩次的對象。我記得自己還不滿一歲時經歷的所有的事情，無論重要與否。我記得所有的細節，歷歷在目，一如觀看一場不過十五分鐘的電影。我離開車子時意識完全清醒。我覺得自己不在車裡，或者說我存在又不存在，這種感覺很難形容。

當我在事故現場失去知覺時，我漂浮在整個事故現場的上方，向下看。我看到那輛車靠著樹，看到救護車，看到附近停車圍觀的人。我沒有感到危險或

痛苦。在完全平靜的狀態下,我完全清楚地意識到下方發生的事。沒有任何不適,沒有評判,也沒有擔憂。我的靈魂離開了身體,並處於更高階的意識狀態。諷刺的是,儘管我「失去意識」,但我的靈魂離開身體和心智後,更加機敏和清醒。

他們把我送上救護車後出發了。我先生尾隨救護車。他後來告訴我,他一邊開車時一邊痛哭,不知道自己是怎麼辦到的。我在救護車上失去意識,但我想盡全力「堅持住」。我感覺自己的生命快速流逝。接著,我注意到自己並不感到疼痛。在那一刻,我的頭腦變得更警醒,是從未有過的清晰與活躍。

比平常更有意識和警醒。我變得更機敏、更聰明!也許有點太聰明了,因為我和耶穌爭論說我要留下來!我在身心兩方面都感覺好多了。

當我漂浮在上方時，我比記憶中的過往都更警覺和清醒。

比平常更有意識和警覺。我必須說，我之所以更加警覺，只是因為我體驗到了仙人（celestial beings）的存在，並且對死亡有了清晰的認識。除此之外，我就像我生命中的任何其他正常時刻一樣警醒。

我的感覺和思考都擴展了。這不是頭腦與心靈的較量，而是兩者的功能都提升了——高於我尋常生活的所有經歷。我記得所有一切。我生命中的每一天，每一次談話，曾讀過書中的字字句句——每一個字！——我讀過很多書，儘管它們都未曾讓我準備好面對瀕死體驗。但我記得二十或三十年都未曾憶起的詩。我後來檢視自己的記憶，結果證明我是對的。**宇宙中的某個地方必定存在第二個記憶庫，**

而我毫不費力地從中提取。我完全清醒、覺知一切、極度平靜。

我被賦予知識。我想這就是為什麼我感到更警醒。就像一個隨身碟插在我身上,下載我的整個人生和家庭。我所獲得的知識包括了一切的答案。這麼說來我這是開悟了?

當我進入光中,我注意到一些非常有趣的事情。我知道原本正常的我會不知所措。這實在是太超過了。但現在我明白某些非常深刻的事情。我的思維和感覺被提升到一個新的水平,這樣我遇到這種光時就不至於完全被壓制。我的思維變快,感受更複雜而分化,整體狀態更清醒。這讓我想到聖經裡提到的「新造的人」(new creation)或是光的化身(the body of light)。雖然它更像是光照於心(a mind of light)。

> 我非常警醒、敏銳、專注、清晰。我的思維比平常快得多,也更富邏輯。思考變得有點像觀察一台極其精細且複雜的機器處理大量數據,並為我提供答案。就好像我的大腦變成了一台超級電腦。雖然聽起來很瘋狂,但我死後卻是個天才。我從來沒有像我死去的那天一般。

總結這項關於大腦和心智處於另一種極端狀況(心臟和/或呼吸驟停而瀕臨死亡)的研究結果,我們的發現輔助支持下列觀點:**大量體驗者自發地報告瀕死體驗期間的視覺意象往往正常或增強**。其次,我們發現大多數體驗者都提到瀕死體驗期間的警醒度、記憶力和邏輯思維正常或增強。然而,從旁觀者的角度來說,這些患者已經失去意識,而且大多數個案的情況是幾近死亡的。

因此,這項結果與我們研究迴光返照研究的發現(瀕死

而大腦功能受損期間的認知和心理功能提升），以及更普遍的概念非常一致，即大腦與心智關係在邊界或極端條件下，唯物主義的觀點不再適用。或者說從表面上看是這樣的。

第十四章
瀕死體驗與迴光返照的關係
Relating the NDE and TL

迴光返照與瀕死體驗的同與異

　　人類的心智在死亡和瀕臨死亡時經歷了什麼？有鑑於上述的研究和報告，現在是時候扼要反思和整理我們在這方面的所知。首先，我們手握迴光返照目擊者的報告；它們很難被忽視，而且此類報告的數量正在穩步增長中。其

次，看似有確鑿的跡象表明，認知和視覺圖像在瀕死體驗期間都強化了。

然而，在評估證據時，我們仍然存疑這些證據是否足以確實表明當大腦功能失調（至少在瀕死）時，有意識的自我和心智仍能以某種方式「存活」或**繼續**發揮作用。我們發現的是白烏鴉，抑或是軼事和記憶錯誤？

正如我們很快就會看到的，這問題將我們拉回迴光返照現象——因為當我們試圖理解複雜且模棱兩可的案例和調查結果時，經常會出現這樣的情況。看似合理的案例是否能用來支持觀點，不能只取決在於**個別**證據，而要考量幾項間接證據彼此之間是否相互支持。連點成線，只有一個點不足以成事。

為此，最好從尋找並分析單一資料的潛在弱點著手。這樣做，不僅使我們能夠誠實且公正地掌握現有證據，還

能知道我們接下來需持續搜尋的目標,以評估這些弱點是否可以透過其他發現加以彌補或增強。我們的瀕死體驗研究有兩個主要弱點:(a)一直以來都無法確認瀕死體驗是在病危期間的哪個確切時間點發生的(稍後會談到這一點)?以及(b)就像所有的個人經驗一樣,瀕死體驗事實上是非常主觀的——也就是說,我們研究結果的證據價值(以及瀕死體驗期間認知和視覺圖像增強的宣稱)主要取決於我們對受訪者的信任。與平日身體健康時的狀態相較,瀕死體驗的視覺印象真的更鮮明、更濃烈、更強化嗎?認知表現真的前所未有地清晰?思考更富邏輯、理解更快速、記憶力更佳嗎?

正是由於其潛在的廣泛影響,我們需要更仔細、更批判性地審視這一點,並考慮例如自我評估認知功能和個人意識狀態的限制。不幸的是,大量研究表明,人們通常不擅長判斷自己的認知狀態。這點我們很容易可以解釋:判斷自己的認知狀態本身就是一種更高層次的認知操作,首

先需要龐大的自覺和認知能力。[1] 詢問酒醉者的身體狀況，他可能會回答自己一切都好，能夠操作機器、駕駛汽車、理解複雜的主題，並且實際上感覺非常能勝任和自信，謝謝你的關心。

但隨後查看並評估他們的實際表現，你很快會將他拉下駕駛座、遠離機器，並將談話轉向較為單純的主題。那麼，我們的瀕死體驗者聲稱他們比日常生活中更清醒、更專心、思維更清晰、更有邏輯性，這種說法的可信度有多高呢？這是一個棘手的問題。儘管我們幾乎沒有關於瀕死體驗期間清醒狀態自我評估的臨床或經驗數據，但我們確實知道，瀕死體驗是一種強烈的靈性體驗，這種情緒高度渲染激昂的狀態，往往會累及我們的自我評估能力。

威廉·詹姆斯，《陶醉》（Intoxicated）

這個問題最著名的文學案例子，可以在詹姆斯的笑氣

（nitrous oxide）哲學實驗筆記中找到。笑氣在他那個時代被用作牙科麻醉劑，除了鎮痛作用外，笑氣還起著劑量依賴性 (dose-dependent) 的迷幻作用，向來對研究人類心智極限感興趣的詹姆斯偶爾會利用它來體驗「對宇宙本質的深刻奧祕洞見」──包括藉以理解黑格爾唯心主義哲學（「它讓我比以往任何時候都更能理解黑格爾哲學的優點和缺點」）：

> 我強烈敦促其他人重複這個實驗，用純氣體進行的實驗時間短且無害。〔…〕對我以及我曾聽聞過的每個人來說，這種體驗的基調是強烈的形而上學啟發所帶來的極樂感受。真相就在幾乎令人眼花撩亂的證據之下，可供人們深入觀察。心智以一種明顯的微妙性和自發性來看待存有的所有邏輯關係，這是正常意識所無法比擬的。[2]

出於這番敦促之意,詹姆斯最終寫下受到笑氣影響後獲得的洞見。但他後來讀到自己的筆記時,發現彼時留下的都是難以理解的「隻字片語」,詹姆斯寫道,在局外人看來,這些內容就像「毫無意義的胡言亂語,但在寫下的那一刻卻與無限理性的火焰共融」:

錯誤不就是一種誤嗎?憎惡不就是一種惡?

清醒、酒醉……醉、震驚。

一切都可以成為批評的對象——沒有對象批評如何可能?

同意—不同意!!情感—動感!!!!

天啊,那是多麼痛苦啊!老天爺啊,如何才能不痛!兩個極端的調和。

喬治，沒事就是事！

這聽起來像是廢話，但這純粹是有話！思想比言語更深刻……！

醫學院；神學院，學院！**學院**！

噢，我的上帝，噢，上帝；天啊！

最連貫、最清晰的一句話是：「沒有區別，只是不同程度的區別和沒有區別之間程度的區別。」[3]

這些筆記或多或少可以看出，詹姆斯沉醉其中的宇宙意識所帶來的顯然令人難以置信且清晰的奧祕體驗和洞察力。儘管詹姆斯在他優美的文章「笑氣的主觀影響」中，最終對使用笑氣所獲得的洞察進行了較厚道的評估，但自我評估自身在靈性或奧祕體驗中的狀態和獲致的洞見，令人氣餒地不可靠，而這點不只發生在詹姆斯身上。那麼，

我們如何得知至少部分體驗者的思維更有邏輯、更快、實際上是「天才」的報告，是否同樣不可靠？實情是：我們無法得知，因為事實就在眼前，要自我評估「清晰富邏輯的思維」或意識擴展達到了極限，前提是一個人必須首先能清晰和邏輯化地思考，才能判斷自身的思維在特定情況下是否真的清晰，或較之平時更清晰、更有邏輯性地思考。

記憶、視覺與瀕死體驗

但是，瀕死體驗期間認知能力增強的其他面向可從外部得到驗證，這往往用來支持這樣一種觀點，即至少有部分體驗者在病危期間精神力確實提升了，這反應在視覺圖像和記憶力兩方面。不管是在我們或他人的研究中，都有為數眾多的瀕死體驗者指出，他們在瀕死體驗期間不僅感覺自己能夠更快、更清晰地思考，而且還能記住早已遺忘的事件（通常記得細微末節）和事實：

我的記憶廣袤無垠。我記得一切,三十年前教室裡的每個小細節,學校老師的臉孔和名字,我在學生作業簿裡寫下的每個字,讀過的每本書,每一天身上穿的每一件衣服。所有一切重新浮現。

值得注意的是,許多個案後續接受檢驗這些記憶的真實性,發現這些記憶都是真實的,而不僅僅是想像或虛假的記憶:

我不認為我原本知道這些事。也許我原本知道但已經忘了,就像是我有驚人的記憶力。後來我翻閱父母的相簿,查證我記起的情節,證實了這些記憶。

至此我們發現,瀕死經驗期間認知增強的宣稱中,只有記憶這個面向原則上是可以合理驗證並經得起檢視

的——至少在這類個案中,仍在可驗證的範圍內。當然,毫無疑問,需進一步的研究來闡明這方面的情況;但至少從迄今為止可獲得的數據來看,一些微弱的證據表明,瀕死體驗期間認知和記憶的增強,並不僅僅是基於錯誤的自我評估。

其次,有許多關於瀕死體驗期間視覺意象增強的報導,自我評估造成的局限問題對這些報導來說似乎微不足道。人們可能會搞錯自己在某一特定時刻的清醒和理智程度,也可能會在記憶的準確性方面犯錯——但在某一特定時刻看到或處理視覺印象的清晰程度或處理得如何則不太可能犯錯(另請注意,更有大量的報告顯示,在瀕死體驗期間視覺意象更加精細、優化、清晰和增強:這類報告佔了我們樣本的83%)。

全面評估我們的研究結果可以看出,一方面正如詹姆斯(以及許多關於後設認知研究)的例子所顯示的,主觀評估個人的認知能力存在明顯的局限。因此,如果我們只著重個

案自我評估瀕死體驗期間的認知能力，收穫就會很有限。但從另一方面看，某些面向（視覺意象和可驗證的記憶）不像自行評估理性和思維能力那麼容易出錯，而視覺意象和記憶增強恰好都是我們的體驗者經常提到的內容——事實上，比思考能力和整體清晰度的提高更常見。

彌合鴻溝

無論如何，瀕死體驗純粹是一種主觀體驗，這一事實在某種程度上削弱了這些發現的證據價值；我們仍然必須相信研究參與者的話。因此，除非我們遇見其他現象足以決定性地支持或削弱這些報告，否則它將繼續存在——比方說，有外部證人能證實受訪者提及的神智清醒程度，特別是即時證實，而非像驗證記憶的例子一樣是在稍後進行。

還有一個揮之不去的疑問，即我們不知道瀕死體驗究竟何時發生——儘管有極少數研究（薩博姆和薩托里）至少提

供一些跡象，指出部分瀕死體驗顯然發生在臨床死亡、接受心肺復甦術之時。簡而言之，某些重大的不確定性和弱點仍然存在，我們需要尋求進一步的發現作為輔助，以增加瀕死體驗的證據價值。

關鍵就在這裡：我們不再需要尋找這樣一個用來輔助佐證的現象——因為我們已經找到它了：迴光返照。迴光返照實際上**不存在**瀕死體驗資料困擾我們的任何弱點：我們**確切地**知道迴光返照何時發生。與瀕死體驗相比，我們有辦法即時觀察到迴光返照現象，如果你願意的話，可說是「當場目擊」。瀕死體驗是一種私人體驗，沒有任何外人有辦法參與，所以會遇到私人體驗帶來的所有不確定性和模糊性；但迴光返照正好相反，是發生在大家眼前的。我們**之所以**知道迴光返照發生了，是因為有目擊者在場，他們注意並觀察到病人臨死前出乎意料地恢復清醒。這些目擊者觀察並證實病患的認知能力、反應和明智的發言、

描述並回憶自身人生經歷,這些能力的恢復是迴光返照的關鍵特徵。

因此,迴光返照的研究結果可以補充和支持瀕死體驗的數據,反之亦然:關於死亡時的心智狀況,迴光返照研究資料提供的是客觀觀點,而瀕死體驗數據則是第一人稱視角。此外,一旦我們確定瀕臨死亡時可能發生意想不到的心理現象,迴光返照和瀕死體驗數據也有助於闡明上面引用的幾項研究結果,這些研究涉及瀕死體驗期間的知覺和眼不能見時的心靈視覺。

所以,現在我們掌握兩組資料——迴光返照以及瀕死體驗期間的認知和視覺增強——以及格雷森提出的一點建議,即尋常時候心智全然依賴大腦功能,這層關係在死亡和垂死的「極端」或邊界條件下可能不再完全適用。但問題並不止步於此。要瞭解背後的意義,找到方法理解這一切,解答之旅現在才正要啟程。

第十五章

理解

Making Sense of It

日蝕背後

現在,我想介紹一位同儕友人、以色列物理學和哲學家埃利祖爾(Avshalom Elitzur)提出的類比。幾年前,我們相識於阿爾卑巴赫(Alpbach)這個位於蒂羅爾山脈的美麗村莊(事實上,該村常年當之無愧地入選為奧地利最美麗、最浪漫的村莊),

這也是阿爾卑巴赫論壇的舉行地；該論壇是科學家、哲學家和奇怪的政治家們的定期會議，藉以討論和設想該如何重新賦予人性價值和滋養我們對公正和永續社會的追求。在這項夏季會議期間，我們在山區健走。遇到雨天，我們就開車上山，待在車裡，打開門窗，放鬆呼吸著夏天的雨氣和山冷杉的露水滋味，伴隨著鳥兒的歌聲，混合著汽車錄音機播放的西塔琴音。我們討論並分享各自的想法、見解，不管是關於心智與大腦，還是阿夫沙洛姆的主要領域——物理學、時間和意識。

恰如其分地，大多數時候我們健行的終點是阿爾卑巴赫墓園，我們到訪並致敬先前阿爾卑巴赫最著名的居民——薛丁格（他提出了量子力學的兩大支柱：薛丁格方程式和薛丁格貓悖論，但少有人知他還提倡非化約論的「宇宙心智」〔universal mind〕自我理論）。

阿夫沙洛姆剛在《意識研究期刊》上發表的文章引發

廣泛討論，文章中他「不情願地承認」自己偶然發現令人信服的大腦心智二元論論點（詳情太過複雜無法在此討論）[1]，但作為一名物理學家，這讓他有些「難為情」，因為主張二元論點也就意味著承認世界構成要素中包含某種「非物質」（像是意識）。阿夫沙洛姆和我討論的結果，最終匯集成兩本關於意識的書，書中論及何以我們兩人都強烈懷疑能用純粹物質的術語來解釋意識。

這一切都早在我聽聞迴光返照之前就發生了，但彼時我已訪談前面章節所提到的埃克爾斯爵士，論及二元論、自我以及埃克爾斯的觀點——即自我不是大腦的產物；它根本不是一個生物實體。事實上，阿夫沙洛姆在他的文章中表達的觀點與埃克爾斯爵士的經典二元論主張極其相符，都認為我們終其一生都是雙重的存有，不僅限於死亡和臨終時；我們擁有的物理屬性來自我們的物質性身體，而除了肉體，我們還擁有（或更確切地說，我們就是）非物質的

自我意識心智（你要的話也可以稱為「靈魂」）。

這種二元論當然不是什麼新出現的典範；大多數靈性和智慧傳統以及宗教都認為，我們某部分的存有是無法單單靠生物學或物質的術語來捕捉的。靈魂就在眼前，這才是最重要的——記住本書開頭引用的蘇格拉底之死，故事中提到：「我們對靈魂的必然關注就不僅限於我們稱作有生之年的這段時光，而是時間作為一個整體。」

但如果二元論是正確的，為什麼我們在大腦中找不到靈魂呢？為什麼我們發現的，至少在日常生活中，是一個似乎完全依賴大腦的自我？為什麼只有在死亡或其他非常特殊的情況下（這也是阿夫沙洛姆「不情願承認二元論」的部分原因）我們才能找到更多證據？為了理解這一點，阿夫沙洛姆提出一個我認為在這種情況下特別有用的類比。根據阿夫沙洛姆的說法，心智和大腦的關係在平日就好比日全食——月亮完全遮住了太陽，太陽留下的唯一痕跡就是細微的日

冕光線。如果缺乏深入的理解，太陽（靈魂）隱身月亮（大腦）後方的說法似乎不足為信。為了提供簡單扼要的解釋（這是科學的一大優點），我們會說我們看到一個物體，並且沒有理由推論另一物體的存在。我們可能會懷疑月球具有細絲般的光暈，儘管目前人們對此知之甚少，但隨著我們越來越瞭解月球表面的特性（唯物主義），終能提出解釋。持續研究月球，時機到了就能瞭解這細微的光線。我們繼續研究大腦，根本不需假設有自主意識的自我存在。

　　從表面上看，這種做法並沒有什麼問題。相反地，理性論述的通則是不要膨脹變量的數量，除非事實證明絕對有必要添加新變量，例如新的研究發現、新觀察到的現象並不符合原本的詮釋框架（只有月球／大腦存在）。因此在正常情況下，我們總是同時檢視大腦和精神活動，何必再假設精神活動實際上不是大腦活動（「首先你將靈魂摘除。因為科學界不談靈魂。」）？

　　但如果我們遇到諸如瀕死體驗或迴光返照體驗者認知

增強的現象呢？這些發現將如同瀕死體驗和迴光返照一般遭到懷疑，直到此類報告的數量增加到一定程度，使得諸如虛構、騙局、錯誤記憶和其他解釋變得越來越不可信。那麼我們看到了什麼？我們能提出何種結論？

根據阿夫沙洛姆的說法，這種情況好比日蝕消退。當月球背後的太陽得以現身，這是我們首度看見支持事實上是存在著兩個而非單一天體觀點的直接證據。只有當死亡之際，自我越過大腦閃耀光芒時，我們才有直接的跡象表明它可能不全然是魔法織布機的產物。只有在這時候，我們得見另一種典範——一如二元論——既可以解釋日蝕期間所見的太陽光線，也可以解釋日蝕結束後兩個天體的全景。因此，這種自我和大腦的二元論最接近我們認定的古典概念：靈魂是個人認同和自我的非物質來源和中心。根據這個典範，身體和靈魂處於一種親密的相互關係中——失智症和其他嚴重神經系統疾病對人類經驗、思維和行為

造成的破壞性後果,最能證明這重親密關係。同時,在諸如死亡和臨終這類較極端的情況下,就好比日蝕結束時,心智的自主性和獨立性就會突顯出來。

靈魂,大寫的心智

有一個相關但略有不同的典範同樣能夠解釋我們的發現。該典範的提倡者包括法國哲學家、諾貝爾文學獎得主柏格森(Henri Bergson)、劍橋大學哲學家布羅德(C. D. Broad)、牛津大學哲學家席勒(Ferdinand Schiller)和詹姆斯,並因赫胥黎(Aldous Huxley)廣為人知——順帶一提,它與薛丁格的意識理論非常相似。

根據他們的觀點,有個大寫的心智存在,這是個意識和知識的巨型儲藏庫或海洋——我們每個人都是其中的一部分,並能潛在地意識到我們與萬物的連結。但是,為了能夠在日常生活中發揮作用,以一種個人(individuals)的型

態存在和發展,大腦和神經系統的主要功能就是保護我們不被這片巨大的意識經驗海洋淹沒和困擾。根據這種觀點,大腦並不生產意識體驗和自我;正好相反,大腦排除了我們不需要的大部分東西,我們才能專注在每日的生存:

> 〔…〕但是身為動物,我們要做的就是不惜一切代價生存下去。為了使肉身能夠存活,大寫的心智必須透過大腦和神經系統的減壓閥來引導。另一端出現的是一點微不足道的意識,它將幫助我們在這個特定星球的表面上生存。[2]

因此,該典範假設大腦這個器官的主要功能在於消除(即抑制)意識,過濾各式潛在的意識經驗,只留下對於肉身在特定時間點的生存有益的必需性體驗。正如柏格森所言,大腦因而是「專注於生命的器官」,一個「減壓閥」,

積極參與抑制、限制和消除暗地裡存在的更為廣大和擴展的意識。然而，這種意識擴展的痕跡可在深度冥想、祈禱、某些迷幻（或「思擴展維」）物質引起的異境（altered states）意識期間體驗到，也許還包括瀕死體驗，以及當我們單純地擁抱大自然度過一天。接著，意識儲藏庫的門戶大開——在這種情況下，肉體的抑制功能降低，意識展開並擴展，重新與大寫的心智連結。

　　一開始提出大腦過濾器理論（brain-as-filter）的目的，並非為了解釋神經系統疾病對個人思想和意識的影響，或是處理類似迴光返照這類現象。但過濾理論與經典二元論一樣都適於輔助理解認知功能已然受損的臨終患者所經歷的意識增強和擴展。當過濾器故障時，意識並沒有消除，而是「釋放」了——這也可能有助於我們理解這樣一個事實：許多瀕死體驗者告訴我們，在瀕死體驗期間，他們的意識是廣闊無垠、包含萬有的。而清醒後的日常生活——「當我返回肉

身時」,正如他們不時提到的——會比較遲鈍和受限。[3]

心靈與神經元功能間的關係,是前者強烈依賴後者,還是在瀕臨死亡的某些情況下兩者相對獨立?二元論和過濾器理論都能提供合理的解釋。還有其他典範可以解釋這些發現——我將在這裡列出部分,以供打算進一步深入研究這個主題的讀者使用,例如唯心論、泛心論以及非化約雙面理論的部份分支。

一個既符合臨床經驗又能解釋迴光返照和瀕死體驗研究發現的具體模型應該是什麼樣子?有鑑於上述提到的詮釋典範全都是理論性的(就跟唯物主義觀點一樣),我想在這一點上特意保持開放的態度。在此,我的目的不是提出有關大腦與心智關係的成熟二元論理論,而是要表明,接受迴光返照和瀕死體驗者神智恢復清醒的事實,並不代表放棄尋找可供測試的大腦和心智模型,以及據以解釋我們是誰的努力。[3]

在本書前面的章節中提到諸多研究工作，目的只是試著增進對自我和人格本質的理解，採用的方式是細查唯物主義和二元論的交會處，循線往截然相反方向觀察並摸索兩者推論的結果：也就是當大腦這部「魔法織布機」（謝林頓）開始失效，自我本身的功能確實作用不再受到神經機制的全力壓制。

我也注意到，即使沒有成熟的自我理論，我們在這個交會點上的發現與唯物主義的預測不同：我們發現一個受到庇護、保存完好的自我——並不受到任何生理障礙的影響。這個自我是不會灰飛煙滅的心智，會以迴光返照的方式回歸自身，而在瀕死體驗的情況下，有時似乎比日常生活中更富生命力。儘管仍處於起步階段，我希望這項研究在討論人類人格的本質和價值時，能促成嶄新而開放式的辯論，並進一步展示自我確實不僅僅是那台織布機的產物；它是人類的本質。織布機之所以被施了魔法，是因為織布

工的靈性在其中起了作用。

每一次美好的經歷都指向永恆。

——馮巴爾塔薩（Hans Urs von Balthasar）

第四部

人、死亡與意義
Person, Death, and Meaning

第十六章
受到庇護的自我
A Sheltered Self

難以理解的美麗,無條件的尊嚴

我們已經走了很長一段路,過程中不斷發現線索和暗示,支持埃克爾斯爵士在許多年前、當我剛開始學術生涯時告訴我的話。

> 我想補充一點,最重要的一點——我們意識自我的奧祕……它是如何產生的?它未來的命運是什麼?……我認為我們必須承認存在一個超越任何生物學或唯物主義原則的奧祕,是我們存在本身固有的特質。

正如上一章所表明的,我們對自我意識的奧祕仍然知之甚少。我們所發現的一切都是其超越生物學或唯物主義原則的痕跡。我們遇到了一個受庇護的、個別的、不可替代的、獨特的自我——這個自我,恰恰是透過其獨特的記憶和個性的「回歸」,讓聚集在周圍的人知道,他能夠(再次)**觸**及到先前被認定已然喪失的私密記憶和經歷,以及隨之產生的個人認同和個體性。

許多瀕死體驗者向我們證實了這一點。他們都見證了人類生命的點點滴滴。例如,他們提到,回顧一生時,會含括自我所有微不足道的生活細節、遭遇與經歷,所有看

似微不足道的決定與隨性所至的遣詞用字,都以某種方式影響他人的生命:

> 然後我一生中的每時每刻,都似光速般閃過眼前,但我還是能夠理解一切。不只是每一次的事件,還包括曾發生過的每次互動。我看到自己的言語和行為如何影響了對方,以及他們對我的看法,無論好壞。

> 接下來,我發現自己在黑暗中觀看著從我出生迄今詳細的生命回顧。好比觀看巨型3D電影螢幕,涵蓋了我生命中幾乎每一件事,令人難以置信的細節。我記起早已拋諸腦後的事情、人物和地點。就好像我正在有效地重溫我的一生,儘管是以高速進行的。

> 我可以同時看到我生命中的每個部分、每項活動和

每件事。雖然似乎眨眼即逝,但我知道生命中的每時每刻都包含其中。現在我可能會說,那狀況就像是我下載了整個硬碟,在當時,我想我試圖將其類比於快轉播放錄影帶。

那時,我完全不介意自己是否還活著。我的注意力集中在某種類似膠卷、逕直在我前方略高處展開的內容上。就像觀看一部極清晰的巨型電視。我觀看的影像是我生命中發生的每一件事。我整個一生盡在影像中。最有趣的是,每個畫面(多到我數不清)都讓我重新體驗到發生時最初的感受。而這一切都是同時發生的!我實際上能以影像的形式觀看到我的生命,並感受到每個畫面中的情感或教訓!一切匯集在一起全無二致。這是最非凡的體驗!這跟我們尋常過日子全然不同。在這裡,你看到影像,就好比看到一張照片,記憶隨之湧現。然後你拿起另一

張照片並得到另一段記憶。在這樣的經歷中，我以影像形式完整瞭解我所有的生命事件，同時重溫了每幀圖像的記憶！我永遠不會忘記能以這種方式與生命相連結的感受。一切都是那麼清晰，那麼生動！

我學到了很多。我看似微小的舉動影響卻極大。我的選擇和行為影響無數其他人的生活。我表達的愛意像野火一樣蔓延。我惡待他人的方式深深傷害和影響了對方，對他們的生活帶來痛苦、恐懼和困惑。在這段重溫的「時光」中，我對很多事情產生了深深的感激之情。我的人生經歷、以美好作為觸動我靈魂的人和心靈，還有人類的脆弱。

上述報告與迴光返照個案所訴內容一致，似乎表明著：人與其一生的經歷並不僅限於生理的過程，還包括其他方面以目前難以理解的方式呈現和保存。我們只能推測如此

慷慨地保護我們的人生經歷和認同的原因，以及它與埃克爾斯的提議一致之處：

> 我們存活在世體驗生命，當中存在著一個物質主義無法解釋的巨大奧祕。這是我們解釋完其他一切後，超越所有而留存下來的部分，也是使我們這個世界具有決定性的終極價值。[1]

因此，關於自我在死亡時的狀態，即便我們目前還未得出成熟的理論，我們的研究和研究參與者的故事至少傳達一個重要訊息：生命似乎賦予我們個人的存在和經歷極高的價值和意義，以至於我們每個人和我們的人生——你、我和我們所愛的人——不只被錨定或「託付」給像大腦一般脆弱易損之物，也被庇護和保存在一個尚未能完全理解的心智維度。正如本書前面引用的瀕死體驗者所言：

宇宙中的某個地方必定存在第二個記憶庫,而我毫不費力地從中提取。

誠然,個人自我如何能在生命的盡頭得到戍衛、保護和恢復,目前我們毫無頭緒。我們也不知道原因。然而,這一切對人性尊嚴產生強烈而重大的影響——生命本身似乎已經將這種尊嚴置入並穿插在根本人性之中。試想:我們身上的某些東西一定具有極高的價值和意義,畢竟,大自然可能已自行安插機制,即使身體不適、罹患疾病和體弱之時,也保存和庇護我們的認同和記憶。

關懷靈魂

如果我們承認這一點,那麼繞了一圈,又要回到本書開頭所引用的蘇格拉底最後對學生做出的指示。因為由此可見,我們對個人與他人的自我都負有一定的責任;我們

應該滋養自我,這樣我們不僅可以享受它受到庇護的事實,而且還能意識到這個自我所能留存的內容,相當程度取決於我們和我們的日常行為。如果生命不曾失去,我們不應對保存下來的東西負責嗎?它不會成為歷史的一部分嗎?不管是我們個人或是世界的歷史?這是蘇格拉底教導學生的最後一堂課:

> 但現在,既然靈魂〔…〕無法擺脫邪惡或以任何其他方式獲得拯救。因為靈魂只會帶著它所接受的培育與滋養前往另一個世界,而這些據說從逝者的旅程伊始就帶來很大的好處或傷害。

蘇格拉底的建議是關懷並滋養靈魂,盡可能發揮我們性格中最好的部分,如此一來,我們的故事、我們對世界歷史的貢獻,就成為值得保存的篇章,而非破壞與自私的

廢墟，留下對他人不仁、漠然與不善的痕跡。根據蘇格拉底（以及大多數智慧傳統和宗教）的說法，受庇護的自我也是道德義務的來源，它應受到我們自身和眾人的照護（並且應該照護自身和他人），就像一個人一旦有足夠的理由相信某些有價值和珍貴的「事物」存在，即使未曾親見，也會施手相護（例如，照顧遠方有需要的人，即使從未見過他們；或是照顧脆弱並受自己行為影響、但未曾直接接觸過的動植物）。

因此，關於自我的命運和未來不該是個似是而非的問題。相反地，一如蘇格拉底在生命的最後一日所指出的，這是我們如何生活的關鍵問題。蘇格拉底給出的明確指示，無疑呼應他所汲取的早期宗教傳統智慧：成為自我不僅關乎我們**是誰**，還關乎我們**將成為誰**。根據古往今來的眾多智慧教義，照護靈魂的起點與終點都在於我們如何對待自己、他人和世界。我們是否認識、以及如何認識和實現我們的潛力、個體性和人格。在這個脈絡下，我清楚記得出

法蘭可在維也納醫學院的最後一場講座（他當時已經九十歲了）。當被問到自我實現的概念時，他思索後回答：

> 是的，但請不要實現潛伏在你內心的一切。請實現那些值得認識的面向。

例如，人們有時會讀到，蘇格拉底早在年輕時就意識到自己擁有高智商、敏銳的洞察力和修辭天賦。於是他考慮該選擇成為一名可以輕易把雅典公民騙到手的狡猾騙子，還是將能力運用在知識服務上，成為一名智慧導師和哲學家。我們知道蘇格拉底的選擇：他並沒有不分好壞、盲目地實現身上潛藏的才能，他做出了選擇。

瀕死體驗者提供給我們的意見也很一致：重要的正是這些有意識的決定——而且它們將持續發揮作用；因為正是這些有意識的決定成就了我們，構成我們某天回憶一生

時據以評斷的內容。所以那些體驗者告訴我們,照護靈魂、照護自我、照護你的生活。如果你開始展現出自我最好的一面,你很快就會明白,所謂的最好永遠不止於個人,而是與眾人一起。我們不應該像現代消費社會企圖告訴我們的那樣,僅僅只是盡一切努力來讓自己感覺良好;我們還要活出自己的價值。所以,關懷有需要的人,關愛世界。不要迷失在日常生活的麻煩中,至少要偶爾提醒自己,你和周遭之人的人生經歷,影響所及可能遠超出眼前所見。

本書行筆迄今,我希望我已經表明我們有充分的理由再次希冀並相信我們的存在比肉眼所見更廣袤,並且正如埃克爾斯所言,置身於更高遠的脈絡中,所以我們的生命是一次有意義的冒險,得到了很好的保護和保存。我們巨大的天賦來自成為自我——我們的誕生就是一項承諾,是我們尚未完全領會的。作為回報,**我們**獻給生命我們的感知、實踐並活出生命的意義。這就是我們責任所在。

第十七章
何以重要

Why It Matters

致敬先人留下的精神遺產

我試圖透過本書致敬三位傑出導師留下的精神遺產。1990 年代,當我還是一名年輕學生時,我有幸向他們學習——埃克爾斯、法蘭可、庫伯勒—羅斯——他們鼓勵並實際呼籲新一代的學生和未來的研究人員,永遠不要放棄對人

類不可剝奪的尊嚴、自由和責任的信念。永遠不要將人類僅僅視為一台複雜而奇妙的機器——儘管複雜奇妙、但仍只不過是一台機器——而該將人視為一個非凡獨特的人。

這三位導師都見證了人類放棄信仰自身的情況——不再相信自己與他人的尊嚴,特別是面對病人、老人和弱者時。20世紀的意識形態蔑視人類尊嚴。這顯然無視照護靈魂的需求,而是「先將靈魂摘除」。這些老師教導我們化約論和虛無主義應用在道德選擇上造成的歷史影響,強烈衝擊我們這群有幸現場聆聽的學生以及其他老一輩的研究人員。他們的可信度來自他們親眼所見,甚至像法蘭可一樣,親身經歷當人類不再重視人類精神的重要性、尊嚴、獨特性和價值時會發生的事情(法蘭可輾轉流連四個集中營後倖存下來,他的家人在大屠殺期間被殺害殆盡)。正是這一代人認識到個人自身有著舉足輕重的角色——即使命運(或在更糟的情況下是其他人動手)試圖剝奪人類與生俱來的尊嚴,這些目

擊者也教導我們：人不能剝奪人的這種尊嚴；人無法剝奪人的尊嚴，只能在意識形態的迷惑中否定人性尊嚴。儘管如此，人也不會因此失去尊嚴，它與人類存有和個人責任緊密相融，無法分割。因此，法蘭可針對他在集中營度過的三年時光寫道：

> 我們這一代是現實的，因為我們已然知曉人的本來面目。畢竟，奧斯威辛毒氣室是人類發明的。然而，那個直挺挺地走進毒氣室、嘴裡念著主禱文或猶太教禱詞的也是人啊。[1]

而現今成長的新一代人不再能親耳聽到這些見證。他們不再聽聞上個世紀向我們發出的警告，就像法蘭可所言：首先是人類有能力做什麼（奧斯威辛），其次則是其所能危及的事物（廣島）。然而當前的這一代人，一如過往的每個

世代，面臨著同樣的問題：何謂人？什麼是人應該做、應該成為的？他人與我的生命是否有意義、有更深刻的重要性、更偉大的命運？又或者，我本人只是自我意識一抹轉瞬即逝的幽靈，最終注定投身龐大的虛無之中？回想薩瓦（Louie Savva）寫下的悲傷詩句：

我們全都是最終的產出而〔…〕我不認為自己對宇宙有影響〔…〕。沒有理由繼續活下去。[2]

或是大衛・林德利（David Lindley）論人類在宇宙中的定位。這篇簡短的討論發表在像《今日美國》這樣的大眾媒體上——是對人類尊嚴和價值毫不客氣的絕唱：

我們人類只是附著在一塊小石頭表面的有機物碎屑。從宇宙的角度來看，我們並不比浴簾上的黴菌重要。[3]

這些都是具有影響力的觀點。他們的憤世嫉俗傷害了世界，而這個世界最迫切需要的是承認每個人都很重要，我們的努力都是值得的，我們受到戍衛和保護，我們不僅僅是複雜的機器，我們的選擇決定了哪些人與事能留存——不僅是為了我們個人的生命，而且是為了整個世界。想想今年將有九百萬人——九百萬個自我——餓死；或者今年將有三十五萬名兒童因營養不良而失明——儘管我們有能力預防這種情況。或者想想，不僅貧窮國家遭逢苦難，富裕工業國家也面臨內心的忽視和空虛：那些陷入例行公事面無表情的人、無意義的感受、疏遠異化、憤世嫉俗。想想我們如何對待自己、彼此、自然和這個世界。回顧我們迄今為止的討論，從中可以得知我們到底是誰、自然和生命為了保存我們所有的付出。這一切都不是憑空發生的。因為如果我們不關心生命，如果我們「先將靈魂摘除」，如果一個人的重要性僅相當於「浴簾上的黴菌」——那麼，是的，這個希望就真的是徒勞的了。之所以徒勞並不出於

必然,而是因為我們已陷入虛無主義表面上的自我實現預言,認定這種希望是徒勞的。

重拾希望

我們這一代事實上對自身的希望毫無信任可言,當中也包括希望超越物質實體的現實存在。心理學和思想史的研究都曾討論到,這可能是因為我們的後現代處境已發展出一種懷疑主義,也可以說是對靈性、價值觀和理想主義的厭惡,無論它們多麼合理(儘管通常並不十分理性)。同樣地,我們對這些價值觀和超越性的可行性,包括我們自身的超驗自我都失去了信心。當代的價值危機常呈現為對任何意義和價值的觀念,對不朽、善的、美的、真實的和人性尊嚴的極度不信任——彷彿成效較差、轉瞬即逝、缺乏意義、毫無價值,壞的、醜陋的、不真實的、有辱人格的事物,無論如何都比對美善抱持希望和信任更真實。

但事實仍在眼前，人類是我們所知的唯一實體，在入世之初就展現希望，要癒合世界上的過錯和破碎。在我們所知的所有生物中，只有人類擁有信仰、希望和愛。這件事本身就讓我們知悉自身的天命（calling），也讓我們知道更多關於人類存在的內在和存在性結構，有時比我們準備好要承認的更多：理想主義、希望、價值感和意義以及責任，是我們的本性中不可或缺的部分。

這份希望一直激勵著人類的行動。只有人類不會悲觀地看待不足，而是視為必須履行的責任，召喚著自己採取行動：減輕苦難、治癒疾病、幫助弱者、不只有人性更要心懷仁慈。這點回過頭來，使虛無主義觀點相形見絀，虛無主義觀點既不公正地對待我們的人性（我們的希望和我們對意義、同情心、連結、善意、仁慈的追求），也不公正地對待世界（它需要我們的希望和我們對意義的追求）。

我們的希望因此滿足了一個需要療癒的世界。事實

上,除了我們的道德義務和我們的意識自我,反對教條虛無主義最有力的就是世界本身,特別是它的破碎狀態、它的不完美、它需要被治癒才能獲致完整。這樣的破碎讓我們知道:世界、他人、我們的孩子、我們的父母、那些需要幫助的人,都依賴著我們和我們的希望,而只有人類才能將這種希望帶到世界上。如果人類放棄了,希望就會從地球表面消失得無影無蹤——這對世界和人類本身,都會產生可預見的後果。上個世紀很大程度上就是這類後果的悲慘見證。

這意味著我們的希望不是心理缺陷或哲學錯誤;它是我們本性的一部分,因此也是這世界的一部分。更有甚者,否認我們超驗的本性、我們的希望和意義,才是心理缺陷或哲學錯誤的表現——因為它們否定的是人類體驗自我和存活於世的核心特徵。錯誤在於背離了撫慰、藝術、對真理的尋求、愛、科學發現、同情心、連結,以及有意義和投入生命的冒險,因為我們知道,此生不僅僅是黑暗和無

知覺的虛無中意識轉瞬即逝的一縷光芒。

點燃蠟燭，它會逐漸變短——我們的生命也是如此。但蠟燭並沒有消失，而是變成了光。我們在地球上的生命之旅儘管短暫，也能轉化發光——然而，與蠟燭不同的是，這種轉變不會自行發生。相反地，我們有選擇的自由和責任，我們的生命可能會也可能不會發光。宗教人士甚至還抱持著額外的希望，即他能在更大的光中得拯救，這道光能承載並保存一切，包括他自己，超越疾病、衰老和死亡。

正如我在本書中試圖表明，我認為有充分的理由相信這種希望是合理的。它建立在一個安全的基礎上。我們的分析無法超越這基礎，但至少已經到達這一步。然而，這不僅是希望我們自己能夠得到保存、保護和安慰，而且還希望我們在有生之年能夠成為他人的保護者和安慰者。今日的我們比以往任何時候都更依賴這一點：莫將靈魂摘除，反而要珍惜和滋養靈魂，無論是別人的還是你自己的。

致謝

Acknowledgments

　　本書最終能成型，端賴眾人委託我講述他們所愛之人、家人、朋友或病人的死亡和臨終故事。感謝大家與我分享回憶。我特別感謝那些允許我將他們的敘述納入書中之人。我將其中一些敘述從德語或法語翻譯成英語，部分受訪者甚至善意地改善了這些翻譯，以更好地反映他們所經歷和目睹的事情。謝謝您的分享，也感激您的信任。

其次，我要感謝維也納大學和布達佩斯帕茲馬尼大學的理論心理學和個人主義研究所的同事、學生和助理，謝謝他們的鼓勵和見解；我還要感謝出席我迴光返照演講的聽眾，特別是奧地利跨界研究心理學會（Austrian Society for Border Areas of Psychology，維也納，2016 年 4 月 25 日），德國威斯特法倫州弗雷肯霍斯特的瀕死體驗網絡團體（Netzwerk Nahtoderfahrung in Freckenhorst，西伐利亞，2019 年 7 月 6 日）和杜塞道夫的認知科學爐邊談話會議（Cognitive Science Fireside Talks Conference in Düsseldorf，2019 年 8 月 4 日），以及醫療照護行業的許多成員（療養院、安寧療護中心、醫院）。他們幫助我釐清思路，探索問題，以回應那些在日常工作中直接受到影響、面臨迴光返照和類似現象者的需求和擔憂。我感謝他們的坦誠、鼓勵以及他們放心交付我的「作業」。我真誠地希望，透過這本書，我至少不致辜負了這份信任。

非常感謝我的同儕友人肯尼思・林，他在諸多方面賦

予我啟發，我還是學生時就拜讀他的書，那時我還不知道書後的作者是個美好、溫暖又善良的人。眼前的這本書——更廣泛來說，我的迴光返照研究——將我們兩個人聯繫在一起。我感謝肯對本書各個版本的批判性評論，以及他對完全重寫第二部的寶貴建議。

我還要感謝聖馬丁出版社（St. Martin's Press）的主編喬治威特（George Witte），感謝他對這個主題的興趣、耐心和對出版計畫堅定不移的信念，還有他對幾篇手稿的細心閱讀和勉勵編輯。感謝我的代理人，索貝爾（Nat Sobel），謝謝他的支持和善意的建議。

我還應該感謝許多人，包括納姆開創性的迴光返照研究，本書第八章中提到第二階段前導研究的問卷調查，有賴他的協助對問卷內容的初步分析進行統計評估；馮佩佐爾德（Georg-Philipp von Pezold）翻譯本書初稿；還有服務於國家老化研究所的埃爾達達、法齊奧和麥克林登（Basil Eldadah,

Elena Fazio, and Kristina McLinden），他們籌辦並邀請我參加該單位舉辦的首屆迴光返照研究研討會，事實證明，該研討會在許多方面啟發本書中所討論的研究。

感謝國際瀕死研究協會的《瀕死研究期刊》（Near-Death Studies）編輯委員會的善意，允許我在本書第十二章中大篇幅引用我的文章「瀕死體驗期間複雜的視覺圖像和認知」（首次發表於《瀕死研究期刊》，2015 年第 34 期 2 卷）。

我最感謝我的兩個女兒，尤其是我的妻子朱莉安，感謝她的耐心、支持以及許多精彩的對話和想法，其中許多都融入了我的研究，並最終匯入本書中——影響深遠，不及備載。

推薦文
迴光返照的隱喻

張明志

馬偕紀念醫院資深主治醫師

人類經由生命的意義與終結的形式,活出自我價值,從荒謬的虛無中領悟靈性的圓滿。

每個生命中皆有隱而未顯的隱喻(metaphor),即便是音樂、舞蹈或藝術也是如此。生命的入場與出場,入世與出世,肉體與靈魂的分合,或是有無平行宇宙存在,都是非常耐人尋味而值得探討的議題。靈魂出竅或將死之人的迴光返照,是唯物論、機械論或不可知論者避免回答的問題。人類為萬物之靈,除了本質外,我們有著價值觀、同理心、多元社會的連結與使命,即所謂超越生物本能的靈性與神性。

致力於臨終關懷工作者,或有至親過世經驗者,不少曾觀察到即將過世的人,或已失能、長期失智者,奇蹟般地回

歸清明意識，這種神識清明期（terminal lucidity）就是本書的主題：迴光返照。誰會發生，為何如此，有何誘發因素，持續多久，真實意義為何？作者亞歷山大・巴提尼亞翻閱了無數歐洲百年來的病歷記載與文獻，結合個人經驗，嘗試對此做出哲學性的解釋。

首先他提到心靈視覺，從許多有瀕死經驗者探索靈魂檢視的現象。心靈視覺，就是華人所謂的瀕死者靈魂出竅；傳承維也納佛洛伊德學派的精神分析理論，超我（super ego）以此檢視本我（ego）的作為，就是作者想表達的靈魂檢視。從分析意識的過程中，在人世間找回自己回歸本源的路。藉此也能瞭解我們要如何看待前人的教誨與傳承，是珍貴的遺產、或是人類最終的希望，是令人費解的，亦或本來就是如此？

巴氏身為維也納的精神科醫師，也是國際迴光返照論壇的與談專家，對此歸納出三點心得：傾聽與觀察，陪伴（握住將往生者的手）與分享，最後是愛與關懷。德國哲學家康德（Immanuel Kant）提出物自身（thing itself）這一概念，類似本書作者提到的自我的多種面向；自我本身不受時空影響，而透過自我與外界的互動所連結。哲學的晦澀在於很難用文字表達：失智症只是個體生物機能的喪失，神經元的類澱粉沉著（死後

解剖也能確認大腦是損壞了），但是靈魂仍清晰存在於另一個時空中。當時空統一，如穿越出世與入世的邊界，便可以得到短暫的連結，一種共相。簡單的說，就是陰界與陽界兩個平行宇宙的交疊，這也許是一種來自神的恩賜，不是每個個案都會發生，是靈魂不朽的最好的詮釋。東方民族所謂的輪迴，本書並未提及；聖經中所說的公義在主，主必報應，也是靈魂不滅的暗示。

書中巴氏引用了古希臘哲學的鼻祖，蘇格拉底對生命與死亡、靈魂與軀體孰重的教誨：「因為靈魂只會帶著它所接受的培育與滋養前往另一個世界」。我們是誰？又將成為誰？指出現代人不重視傳統、宗教與靈性的超越，屈服於唯物主義與實用論的荒謬，背離慈悲、施捨的美德。彼倡言高貴者與卑鄙者大腦DNA沒有特別差異；靈性也是如此，沒有差別。但人類不是一切行為都是生物性的。將肉身比如是一部車子，車子相同，但開車的人不同，駕車的良好習慣也會不同，此點不可知論者無法自圓其說，如生命的意義與死後是否存在，或是迴光返照的意義為何？生物演化論或（新）達爾文主義不會對生命的終極意義抱持期待，他們是不是白活了一輩子，而學不到生命的隱喻？所謂的「no matter, never mind」，沒了心也就沒了物，是無根的浮萍，長在虛無的泥淖中。

迴光返照像是奇蹟一般，又比如瀕死經驗，直接暗示了有來生（after life）的存在。遵循因果業報，如同物理學的量子糾纏，亦如回歸上帝是存在的第一因，以基督的心為心，實踐愛、良善、仁慈、奉獻、無我的完全人。近年來，西方心理分析開始向東方宗教靠攏，正念、非一非異的論述與因果業力的探討正在逐漸興起。如本書瀕死者所言：「宇宙中的某個地方必定存在第二個記憶庫，而我毫不費力地從中提取」，這樣的觀點恰與佛教的阿賴耶識相合。

　　《生死界線》中觀察了眾多病例，尤其是失智者臨終前突然變得清醒，認出許多親人名字，可以回憶多年前的家族重要趣事，甚至會與不存在且過世多年的靈魂對空交談，彷彿有舊時親人探視；似乎他們再相聚於特殊的時光隧道中，像似清醒同時又似幻覺，這都是迴光返照的典型情況。他們隱約知道肉體死亡後會轉換為靈性與智性的光輝，或確認了人生的價值，而不再害怕死亡。迴光返照是黑暗的結束，回歸終極能量的形式，等待下一個重生。至於迴光返照後他們是否很快就會過世，已不是那麼重要了；少則幾小時，多則三、五天，幻覺與幻聽也是如此，或許稍微長一點，這些情況都可以向有經驗的臨床醫師及護理人員諮詢。先前有位名廚因肺部感染併發呼吸衰竭，住在加護病房，已經使用呼吸器好

長一段時間,卻忽然因神識變清醒而脫離呼吸器,轉入一般病房。他夫人趕緊回家洗浴,就短短時間;夫人回醫院時,名廚已經過逝。美好的時間,就是像夕陽般短暫。

迴光返照這樣的情景,我個人以為應該沒有觸發因素,也無法藉嘗試觸發迴光返照以治療失智症,只有神的旨意;這是美妙恩賜,可以撫慰至親,迴光返照多數是大圓滿的徵兆,是一種特殊的道別,旨在告訴親人有來生、有靈魂,存在另一種希望,也屬於宗教與哲學的省思。拙著《許自己一個尊嚴的安寧》的第六章便有提出詳細的解釋。

本書利用多數烏鴉是黑色的,但是只要出現一隻白烏鴉(一個心理學論證),我們就應該相信烏鴉有黑也有白,有靈魂、就如世上有神蹟。書中亦提出哲學性的解釋,引用量子力學大師薛丁格的思想實驗,「薛丁格的貓」:將貓關入密閉箱子裡,並放入裝有毒藥水的機關,貓若好奇撥動機關則藥水流出,貓就死了;倘若貓不好奇,坐著不動,則打開箱子時貓是活的。這要證明的是若不打開箱子,便無從得知貓的死活,所以貓是處於或生存、或死亡的疊加狀態;這就是有名的量子測不準原理,哥本哈根詮釋。薛丁格稱為宇宙心智(universal mind)的靈魂與肉體也處於疊加狀態,業與相的交互糾纏。其實這可以進一步演繹為測不準就是諸相非相,時間與空間只

不過是暫時的表象，有生之年的時光也是短暫、可以被忽略的虛擬存在。人生是一趟旅程，猶如虛空華。迴光返照是一種白烏鴉的啟示，其餘有為法，如書中對一元論、二元論、大腦魔法織布機的解釋或批判，也擺脫不了不可知論或達爾文主義的陰影。

　　最後書中提到，我們的誕生是一項承諾，只是我們尚未完全領會。我們的存在應超越肉體所見，拋開虛無，重拾希望，活出自我。藉由迴光返照，意識到轉瞬即逝的一縷光芒。

推薦文
返照大腦的心識之光

謝仁俊

陽明交通大學生物科技學系專任教授

Only human beings guide their behavior by a knowledge of what happened before they were born and a preconception of what may happen after they are dead: thus only human beings find their way by a light that illumines more than the patch of ground they stand on.

——Sir Peter B. Medawar and Jean S. Medawar

唯有人類能夠仰賴對自己生前死後的知識及預見,指引自身的行為;並且透過能照亮比他們所站立的一小塊土地更多的光芒,找到自己的路。

——彼得・梅達沃爵士及珍・梅達沃爵士

當今的科學與醫學批判笛卡爾的心物二元論,支持唯物

主義的化約觀點,認為意識與自我,都是大腦活動的產物或功能。尤其在大量針對失智症、精神疾病和其他腦神經系統疾病的臨床和科學研究數據下,顯示了健康的心智是依賴大腦功能和結構的完整。功能性腦造影技術也顯示,每一種感覺、情緒、想法和選擇都與大腦活動相關。因此,「摘除靈魂」成為科學與醫學的主流實踐,除了生物的物理和化學機制外,任何有關人類「內在生命」的額外解釋都是不必要的,意識運作的模型不需要靈魂。這樣一來,悲傷與憂鬱僅僅是血清張力素的神經化學失衡?我們對意義、溫情、關懷、希望、愛與慈悲的感知或渴望,僅僅是神經網路整體關聯性活動的結果?如果人格的完整性如此依賴大腦功能與結構的完整性,這是否清楚地表明人的自我、心智與人格特質最終只是大腦的產物?

然而,正如宇宙的運行中,巨觀的物理世界遵循牛頓理論,一旦進入不同尺度的極小微觀世界,則是量子物理學在運作。同樣地,當人類瀕臨死亡並伴隨全身性生理化學劇烈轉變時,心智與意識對大腦功能與結構的緊密耦合或強烈依賴可能會脫鉤(根據格雷森〔Bruce Greyson〕教授的理論;格雷森是精神醫學的教授暨臨床醫師,專攻瀕死研究)。因此,我們應能觀察到「心腦合一」在異於常態下的變化。「迴光返照」(或稱終末清醒,

Terminal Lucidity）和「瀕死經驗」（Near-Death Experience）就是其中兩種確鑿的特殊心靈與意識變異現象，這使我們必須重新審視唯物主義意識理論的侷限性，再一次思考心物的二元性。

「迴光返照」指的是重病患者（如嚴重精神疾病、神經退行性疾病，及癌症、心臟病、敗血症等）在臨終前突然恢復意識清晰、記憶力、認知和情感的現象。這些患者可能多年處於嚴重認知障礙或無反應狀態，但在臨終前短暫地清醒，能與家人交談或展現平時無法顯示的認知能力。這種「回歸原本自我」或「甦醒」現象可能持續數小時到數天不等。大約 6% 的垂死病患會在臨終前不久，出現一段時間長度不等的迴光返照現象。根據本書作者的研究，迴光返照確實與死亡密切相關：超過 90% 的人在經歷此現象後幾天或幾小時內去世。因此迴光返照在某種意義上，是示現了對生命、家人、親友與世界的「告別」。

迴光返照屬於第三人稱的科學範疇，可由他人觀察和證實；瀕死經驗則屬於第一人稱的科學範疇，依賴個人的神秘經驗陳述和驗證。「瀕死經驗」指人在接近死亡或臨床死亡時所經歷的一系列現象，可能包括靈魂脫離身體、看到明亮的光、回顧一生經歷、與已故親友相見等。逢重大醫療危機並歷經搶救倖存下來的人中，有 8% 到 18% 報告經歷過瀕死

體驗。這些經驗常被描述為深刻且改變人生,並且在不同文化中都有類似報告。當人腦停止運作時,我們就看到這個「心腦合一」公式被打破,人腦和心識似乎不是同一件事。

由於迴光返照的發生非常突然,不太可能是由於神經元的再生所致。這些意識變化通常伴隨著神經信號傳導途徑、突觸修飾、神經網絡互動的複雜調整,以及對神經毒性蛋白所致慢性功能抑制的臨時逆轉或補償。由於這些神經修復機制無法在瞬間完成,因此其機制只能被視為推測性的。儘管在實驗性心臟或呼吸停止的鼠模型瀕死實驗中,以及末期病人的死前腦波觀察中,可以記錄到腦部神經生理活動的激增,並顯示高度認知狀態中的腦電神經動力學模式,但這些觀察到的腦波現象所對應的瀕死經驗中的具體心智狀態仍不清楚。

迴光返照和瀕死經驗都涉及人在臨終前的意識變化,挑戰了我們對大腦功能和意識的傳統理解。通常在重病狀況下,神經功能的最終崩解應該會導致自我、心智、人格和記憶的瓦解。然而,迴光返照中「原本自我」的自發性再現,顯示出完整的「自我/靈魂」可能被疾病所「隱藏」或「阻隔」,並以某種方式被「保存」和「庇護」。這兩種現象顯示,即使在大腦嚴重受損或功能下降的情況下,意識和認知能力仍能在特定情況下恢復或增強,表明自我不僅僅是大腦的產物,

而是具有超越生物學範疇的本質。從二元論的觀點來看，迴光返照可以解釋為靈魂從不健全的身體，特別是已經崩壞的大腦束縛中「解放」出來的現象。這些現象促使科學家和哲學家重新思考意識的本質，和自我在生命結束時的表現方式。

另一種因為腦神經功能與結構的嚴重先天缺陷或後天損傷，導致一些人出現相當奇特的心智與意識狀態的特殊情況，則是「學者症候群」（Savant syndrome），又稱「專家症候群」。這種現象指的是人在某些高度專門化領域有超常表現，但在其他方面卻有明顯心智障礙。學者症候群的突出表現形式多種多樣，包括演奏樂器、繪畫、記憶、心算、日曆計算能力、語言、機械等。統計顯示，約 50% 的學者症候群患者有自閉症發展障礙，另有 50% 與其他障礙相關。一部分患者在成年前便顯示出學者症候群的天賦，通常伴隨著某些正常能力的缺失，而部分患者則會在成年後失去這些天賦。另一部分患者則是經過創傷，如腦損傷或罹患腦部疾病後，天賦才突然被激發。進一步研究顯示，學者症候群的成因是大腦某些區域的神經元活動減弱，伴隨著其他區域的神經元活動增強，且通常涉及左半腦的受傷。

這些特殊的心智與意識現象可以自然導向大腦半球彼此間的平衡抑制理論以及人腦整體的過濾器理論：認為大腦的

主要功能是權重式的平衡抑制，以及過濾意識的處理，只留下對生存有益的體驗。因此，作者綜論人腦可被視為「生命的專注器官」和「減壓閥」，會積極抑制更廣泛的意識。然而，這種擴展的意識可以在深度冥想、祈禱、迷幻藥物引發的變異意識、瀕死體驗，以及親近大自然時體驗到。此時，當意識的抑制功能降低，自我意識便得以擴展，並重新與更高的心智層次連結。

當我們深入瞭解某些自然現象的異常或極端條件時，某些看似理所當然的定律和規則可能會突然失效，因為大自然揭示了在日常條件下未見的隱藏特性和面向。美國心理學之父詹姆斯曾說過，如果你想推翻「所有烏鴉都是黑色」的法則，不需要試圖證明所有烏鴉都是黑色的，只要證明有一隻烏鴉是白色的就夠了。白烏鴉的出現往往需要全然不同的模型來解釋，因此必須發展新的模型和理論。前述的三種特殊現象，不論是從第一人稱還是第三人稱的科學視角來看，都是患者在特定疾病狀態下出現的異常心智狀態。值得一提的是，在沒有任何功能性和結構性腦損傷的情況下，卻能出現不可思議的心智和意識狀態，而能同時被第一人稱和第三人稱神經科學觀察和研究的現象，就是「靈附」。靈附是一個超自然概念，指的是人的身體或器官組織的部分或全部被超自然的靈魂（包

括人類或非人類的靈魂）附著，導致暫時性、長期性甚至終生的干擾，並可出現意識被侵襲的現象。關於靈附現象的真實性、腦與心智科學的觀點、靈附入侵下的意識變異，我在《誰劫奪了笛卡爾的腦袋：腦科學對意識、靈附和靈療的觀點》（稻田出版社）一書中進行了詳盡探討。

當蘇格拉底因為要維護自己的學術信念與尊嚴，被迫服毒自盡前，他的朋友問他希望如何辦理葬禮。蘇格拉底回答：

> 「隨便你，只要你能留住我不至從你身邊逃脫。……飲下毒杯後我將不再與你們同在，而是去享受你們所知的有福之人的歡樂！」

蘇格拉底以死明志，服膺個人對靈魂與死後世界的信仰。本書中，雖然作者沒有明確表達他個人對靈魂存在的信仰（現代科學界往往以「心智」取代「靈魂」），但他通過引用各種觀點和研究，展示了這一問題的複雜性和多樣性。作者提到對於迴光返照的科學研究，或許能找到神經生物標記，以觸發自我的復甦，提供失智症與其他意識障礙疾病的可能治療方案。但是，作者的最終目的是透過書中大量的案例證據與質性研究，詳盡論述和說明自我與意識是超越生物性的，並非單純

用唯物論經過化約的進路就能窮究。更重要的是,通過對迴光返照和瀕死經驗中豐富的個案研究,展示了基於生命的正向意義,懷抱同理心、安慰、相互接受、支持、愛,以及治癒這個破碎世界的意願。當然,其中也包括堅定且理由充分的希望,這希望在許多方面甚至超越了疾病和死亡,賦予本書靈性與宗教的意涵。

推薦文
凝視生命中的白烏鴉

鐘穎

愛智者書窩版主／《臺灣傳說的心靈探索》作者

人類的意識是一種生化反應嗎？心靈是獨立存在，還是大腦的附屬？在神經生理學的各項證據，都明確指出靈魂並不存在，人是生物性的人。

倘若如此，阿茲海默症患者何以會在臨終前突然恢復清醒？有東西突破了病症帶來的腦部退化，將病人完整的自我以及生活的記憶給短暫帶回，這無異於已經煮熟的蛋再次回復成生蛋的狀態。要是心靈是大腦的生化現象，又該如何解釋呢？這就是一直被科學摒除在研究對象之外，僅存於臨床與民間口傳的現象：迴光返照。

迴光返照並不罕見，許多醫護人員以及民眾都曾經目睹這個醫學無法解釋的情況。中文甚至早早就有了迴光返照這

個名稱,但在歐美,卻遲遲沒有找到合適的語言能稱呼它,直到它被正式命名,流傳在各地安養院及醫療單位那些搬不上台面的神奇故事才開始得到討論。

有趣的是,作者告訴我們,關於迴光返照的紀錄很久之前就存在於醫療記錄中了,因為一百年前的歐洲醫師經常會詳盡地撰寫案例或描述病情。但今日的醫療紀錄已有完整的標準格式,那些不在格式內的現象就會被排除在外,結果是出現了數十年的空白,這給迴光返照的研究帶來了很大的困難。

研究迴光返照並不是反智,相反地,是企圖瞭解這隻意欲顛覆原有人類科學的白烏鴉,想告訴我們什麼事。這並不意味著既有的科學理論錯了,只是說它存在著缺陷,它無法解釋是什麼讓人的記憶與心智能夠繞過大腦不可逆的病變而自發性恢復。

這暗示著除了大腦之外,大自然似乎安放了「第二記憶庫」,用以儲放人的自我,或者說,人的靈魂。

我不想用我個人的詮釋來讓讀者誤會這本書,因為本書作者及其研究團隊是以嚴謹且批判性的方式,在從事這項研究工作的。因此讀者不應期待這項起步甚晚的研究,得出足以顛覆神經生理學的結論。事實上,迴光返照的宗教及哲學

意義雖然令人振奮，它得到的研究資料快速增加，但論其機制卻依舊是一片空白。

我們必須承認，神經生理學依舊是心智科學的典範，儘管它並不全面。且用物理學來舉例，牛頓的古典物理學看似足以解釋一切運動方式，但在描述極小粒子與極快速度的運動時卻出現了差錯，需要愛因斯坦及量子物理學加以補充，這兩種典範並不存在競爭關係，而是合作。換言之，心智科學也急需擴充原有的模型，來容納神經生理學以外的理論。

除了迴光返照外，另一個值得深究的現象，叫做瀕死經驗——它是另一隻證明了神經生理學尚不夠全面的白烏鴉。

受惠於上世紀 70 年代進展快速的急診醫學，瀕死經驗的發生率正急遽上升。書中指出了一項研究，證明那些有過瀕死經驗的患者在描述心肺復甦過程時，沒有犯下任何重大錯誤，而對照組有超過87%的患者在描述上至少犯了一項重大錯誤。換言之，瀕死經驗者的靈魂出殼或超感視覺似乎是真的。

人在瀕臨死亡時，其心智、記憶與視覺都得到了大幅度的增長，再他們的自陳經驗中，都表示自己變得更聰明、更清晰、更整體。這些描述與《西藏度亡經》的記載相符；經文描述道，人死後的「意生身」會比生前聰明七倍，因此比

起生前,其實亡者更有機會得到解脫。

在書中未提到的感官剝奪實驗中也發現,即使感官靜止後,我們的意識底層仍有著極為豐富的意象,然而一般人卻沒有能力發現,甚至會刻意地逃避它。

似乎如書中所提,大腦的主要功能,在於抑制和過濾各式潛在的意識經驗,只專注於有利於生存的必須性體驗。只有在冥想、禪修、或啟靈藥物的幫忙下,我們才能體驗到意識的其他層次。

瑞士心理學家榮格也發現,只有在意識水準降低的情況下,無意識的內容才有機會湧現,裡頭有時會有令人意想不到的「超越功能」(transcendent function),得以使人脫離長久的兩難;他認為禪宗的開悟經驗即是其一。公案的存在,就是為了協助多年苦修的學僧抵達那個境界。

當然,死亡經驗也是如此。

或許如書中的猜想,在生理功能下降,生命受到威脅時,人的心智才得以脫離大腦器官,這樣的特殊狀態就如古典物理學不再能解釋極小粒子與極快速的運動一樣。在心靈某處儲存著的自我,於是從大腦中剝離,短暫地出現,跟家人聚會,和他們說再見。

是的,很遺憾,正如你所知的那樣,迴光返照意味著死

期將近,這點中外皆然。關於迴光返照的研究想進一步瞭解這個機制,瞭解我們能否預測它的出現,以便我們都有機會和我們深愛的人道謝、道歉與道別。

然而最重要的,是照顧我們的靈魂,莫讓我們的人際關係淪為防衛機制的訓練場。保留一隻眼睛向內看,清醒地活著。抱著善意對待他人,也回報他人的善意。

長久以來,多數的人都相信人既是生物人,也是超越的人,有靈魂的人。本書以其尚未充分,但不可否認的證據指出了這一點。這足以動搖唯物主義與生物化約論的主張,使人接續先哲的思想,深思靈魂的奧秘,以及生命的意義。

迴光返照與瀕死經驗的謎至今還未解開,那在病變與衰老的大腦之外、保衛著我們意識的是什麼?現有證據無法給我們任何確定的回答。只有勇敢的研究者可以長久凝視這些不可迴避的事實,這項事實將徹底改變我們對生命的態度。

人如螻蟻般渺小,又如宇宙般偉大。我相信所有翻開這本書的讀者,都會自發性地感受到這份尊嚴與謙卑。

參考書目和注釋

考慮到紙本書的厚度與重量,本書的參考書目和注釋將以電子檔形式收錄。讀者可視需要掃描下方 QR Code,或在瀏覽器上輸入連結網址 http://qrcode.bookrep.com.tw/eaglesoul_07 下載本書參考書目和注釋的電子檔。

如遇任何問題,請來信鷹出版客服信箱 gusa0601@gmail.com。

鷹之魂 07

生死界線：針對「迴光返照」首次進行的全面性調查
Threshold：Terminal Lucidity and the Border of Life and Death

作　　　者	亞歷山大・巴提亞尼 Alexander Batthyány
譯　　　者	黃珮玲
總　編　輯	成怡夏
協 力 校 對	陳宜蓁
行 銷 總 監	蔡慧華
封 面 設 計	莊謹銘
內 頁 排 版	宸遠彩藝
出　　　版	左岸文化事業有限公司 鷹出版
發　　　行	遠足文化事業股份有限公司（讀書共和國出版集團）
	231 新北市新店區民權路 108 之 2 號 9 樓
客服信箱	gusa0601@gmail.com
電話	02-22181417
傳真	02-86611891
客服專線	0800-221029
法 律 顧 問	華洋法律事務所 蘇文生律師
印　　　刷	成陽印刷股份有限公司
初 版 一 刷	2024 年 9 月
定　　　價	460 元
I S B N	978-626-7255-50-6
	978-626-7255-49-0 (EPUB)
	978-626-7255-48-3 (PDF)

Threshold: Terminal Lucidity and the Border of Life and Death
Text Copyright © 2023 by Alexander Batthyány
Published by arrangement with St. Martin's Publishing Group through Andrew Nurnberg Associates International Limited. All rights reserved.

◎版權所有，翻印必究。本書如有缺頁、破損、裝訂錯誤，請寄回更換
◎歡迎團體訂購，另有優惠。請電洽業務部（02）22181417 分機 1124
◎本書言論內容，不代表本公司／出版集團之立場或意見，文責由作者自行承擔

國家圖書館出版品預行編目 (CIP) 資料

生死界線：針對「迴光返照」首次進行的全面性調查 / 亞歷山大.巴提亞尼 (Alexander Batthyány) 作 ; 黃珮玲譯. -- 初版. -- 新北市：鷹出版：遠足文化事業股份有限公司發行, 2024.09
　面；　公分. -- (鷹之魂 ; 7)
譯自：Threshold : terminal lucidity and the border of life and death.
ISBN 978-626-7255-50-6(平裝)
1. CST: 生死學

197　　　　　　　　　　　　　　　　　　　　113009869